Beat Schaller

Die Macht der Kommunikation

Beat Schaller

Die Macht
der Kommunikation

Erfolg durch
»geldwerte« Worte

Wirtschaftsverlag Langen Müller/Herbig

Besuchen Sie uns im Internet unter
http://www.herbig.net

© 2001 by Wirtschaftsverlag Langen Müller / Herbig in der
F. A. Herbig Verlagsbuchhandlung GmbH, München
Alle Rechte vorbehalten
Schutzumschlag: Atelier Seidel, Altötting
Satz: Fotosatz Völkl, Puchheim
gesetzt aus: 10,2/12,7 pt Times Ten
Druck: Jos. C. Huber KG, Dießen
Binden: R. Oldenbourg, München
Printed in Germany
ISBN 3-7844-7414-4

Inhaltsverzeichnis

*Die Begriffe werden durchgängig als Sammelnamen (Kollektiva)
für beide Geschlechter gebraucht.*

*Wer sich zeitlebens an der
ersten Million abrackert,
ist selber schuld.*

Am Anfang ist das Wort,
am Ende ist Geld

Wie du spracherfolg*reich*© wirst

Spracherfolg*reich*© – am Anfang steht die Schöpfung eines neuen Wortes, um etwas zu bezeichnen, was es so noch nicht gibt: Spracherfolg*reich* ist, wer dank Sprache nicht nur erfolgreicher und erfolgreicher, sondern auch reicher und reicher wird. Doch der Reihe nach:

64 Millionäre – gestern noch einfache Sterbliche – spuckt allein das Silicon Valley jeden Tag aus. Im amerikanischen Tal der Computerindustrie sollte man die erste Million (nicht Exfrau) mit 25 Jahren schon haben. 252.000 Millionäre allein in Deutschland haben die Erste geschafft – meist erst nach 25. Und das Potenzial künftiger Millionäre ist enorm: Etwa 77 Millionen Deutsche sind noch keine Aktionäre. Diese Mehrheit verfolgt das Spektrum der gellenden »Ich bin reich«-Schreie ihrer Verwandten und Bekannten ebenso wie die eher stillkämmerlichen »O-nein-was-muss-ich-mich-abrackern«-Seufzer mit einer Spur Verlegenheit. Wenn scheinbar alle reich werden, möchte man selbst schließlich nicht vor der Tür stehen. Das ist mehr als verständlich, denn die Zeit ist zu kurz, um erfolglos durchs Leben zu dümpeln. Und schon stellt die ganze Nation die Frage: Was machen Millionen glückliche Menschen anders als all die, die zeitlebens an der ersten Million herumbasteln?

Mit dem Geld per du

Wer Erfolg*reichen* aufs Maul schaut, geht näher ran an das, was Menschen tun und lassen. Und Hand aufs Herz: Ohne Geld läuft nichts, rein gar nichts. Geld steuert das menschliche Verhalten. Der Geldbeutel – das Portemonnaie – steuert die Menschen in ihren Taten und Worten.

Do you speak money? Honey, I do: Geldangelegenheiten gehören letztlich zu den persönlichen und vertraulichen Herzensangelegenheiten. Das spiegelt sich auch in der persönlichen und vertraulichen Ansprache nicht per »Sie«, sondern selbstverständlich stets höflich per »du«: Mit der Du-Form bringe ich die eine wegweisende Absicht zum Ausdruck, dir persönlich mehr Erfolg, dir persönlich mehr Reichtum und dir persönlich mehr Sprach-Vermögen zu verleihen. Oder andersherum: dich spracherfolg*reich* zu machen.

Klingen deine Worte wohl, klingelt deine Kasse

Schaue erfolgreichen Menschen aufs Maul – und du entdeckst erstaunliche 66 Tricks: Denn Erfolgreiche sprechen, schreiben und verhandeln radikal anders als Erfolglose. Darauf baut die Sprachmacht der Erfolgreichen auf.

Spracherfolg*reiche* setzen Tricks und Kniffs in ihren Reden, Schreiben und Verhandlungen gekonnt und wirksam ein – und werden gemessen an Zahl und Ziffer, Geld und Zeit erfolgreicher als all die anderen. Oder anders ausgedrückt: Klingen die Worte wohl, klingeln die Kassen erfolgreicher Menschen und Unternehmen.

Mach dir deine Spracherfolgsrechnung

Schaue erfolgreichen Menschen aufs Maul – und du entdeckst, dass Spracherfolg*reiche* so etwas wie eine Spracherfolgsrechnung machen: so wenig Aufwand wie nur nötig, so viel Ertrag wie nur möglich.

Schaubild 1: Erfolgsrechnung für deinen Spracherfolg

Aufwand	Ertrag
Kein Wort zu viel	Reicher
Kein Satz zu viel	Erfolgreicher
Keine Zahl zu viel	Spracherfolgreicher
Keine Ziffer zu viel	Mehr Geld
Keine Sekunde zu viel	Mehr Geld
	Mehr Geld
	Mehr Geld
	Mehr Geld

Die Spracherfolgsrechnung hat's gleich doppelt in sich. Zum einen halten Spracherfolg*reiche* den Mitteleinsatz möglichst gering: kein Wort, kein Satz zu viel, dafür jedes Wort und jeder Satz ein Volltreffer! Keine Zahl und keine Ziffer zu viel, welche später gegen dich verwendet werden könnte. Keine Sekunde zu viel, welche beim Publikum als Füllstoff verpuffen könnte. Spracherfolg*reiche* halten es mit den Minimalisten, die ein gegebenes Ziel mit einem möglichst geringen Aufwand erreichen. Minimalisten kommen mit weniger Worten, Sätzen, Zahlen, Ziffern und Sekunden ans Ziel. Deshalb lob ich mir die rhetorischen Minimalisten.

Doch lob ich mir auch die spracherfolg*reichen* Maximalisten. Rhetorische Maximalisten erreichen mit den 66 Tricks den höchstmöglichen Zielerreichungsgrad. Maximalisten holen aus den gegebenen Mitteln – den 66 Kniffs – den höchsten Ertrag heraus. Mit den 66 Tricks machen sich Maximalisten so »sprachsexy«, dass sie für andere unwiderstehlich werden.

Du kannst dich zeitgemäß verhalten oder hoffungslos veralten

Setzt du die rhetorischen Tricks und Kniffs altehrwürdiger Meister aus Athen, Rom und Florenz ein, wirst du den einen oder anderen Erfolg durchaus verbuchen können. Nur können wir die Geschäfte von heute, geschweige denn die beschleunigte Geschwindigkeit des Handels und Wandels von morgen, nicht einzig und allein mit den sprachlichen Darstellungsmitteln von gestern bewältigen. Deshalb ergänze ich die klassischen Tricks und Kniffs mit modernen Erfolgswerkzeugen. Ich will damit der Erkenntnis Rechnung tragen, dass wir uns in der Auswahl der spracherfolg*reichen* Tricks und Kniffs entweder entlang neuer Technologien wie Handys, SMS und E-Mail zeitgemäß ver*h*alten oder aber hoffnungslos ver*a*lten.

So geht die Zeit, da du mit den Mobiltelefonen vor allem telefoniert hast, zu Ende. Die Handys von morgen sind mobile Alleskönner, die digitalen Butler der Zukunft, wie sie Nicholas Negroponte, der Gründer des Media Lab am Massachusetts Institute of Technology (MIT), nennt. Über das Handy von morgen kannst du nicht nur schlichte Sprach- und Textbotschaften austauschen, du kannst verhandeln und handeln, kaufen und verkaufen, auch andere bewegen und aufstacheln, erfreuen und gewinnen. Dann gilt ein für alle Mal: Nur wer Botschaften – wie in den 66 Erfolgstipps angemahnt – auf den Punkt bringt, wird spracherfolg*reich*. Wer weiterhin breitmaulig, langfädig und zeitraubend vor sich hin plappert, ist weg vom Fenster.

Keine Scherben, keine Spinnen, keine Schlangen

Erfolgssprache gründet tiefer als die Lehren wortreicher Tausend-sassas und teurer Warmluftprediger, die mit billigen Sprüchen wie »Tsjakka – du schaffst es!« (der feuerlaufende Emile Ratelband) oder »Du schaffst, was du willst« (der besessene Erich J. Lejeune) in den Wolken stochern. Beide gehören zu den Eier legenden Woll-milchsäuen, die alle und alles können. Doch Bescheidenheit tut not: Ich lasse dich nicht über Glasscherben oder heiße Holzkohle schreiten. Ich schlinge dir auch keine Boa constrictor um den Hals. Und ich setze dir auch keine Vogelspinne auf die Haut. Gänsehaut kriegst du nicht von Scherben, Spinnen, Schlangen. Gänsehaut sollst du einzig von deinem Erfolg kriegen. Und Erfolg erzielst du, indem du die 66 Tipps und Kniffs spracherfolg*reich* anwendest.

Freilich liegen den 66 spracherfolg*reichen* Tricks und Kniffs her-vorragende Entdeckungen und Erkenntnisse der Wissenschaften über den Menschen zugrunde. Vergiss jedoch das Wort Wissen-schaft wieder. Denn dieses Buch richtet sich an Leute, die mehr über die Sprache geld- und erfolgshungriger Menschen erkunden und erkennen wollen, jedoch nicht die Zeit haben, honorigen Pro-fessoren in den Hörsälen renommierter Universitäten zu lau-schen. Und es richtet sich an Leute, die mehr aus sich selbst und aus anderen Menschen und Unternehmen herausholen wollen.

Es ist nicht nötig, das Buch am Stück von vorne bis hinten durch-zulesen. Blättere getrost hin und her und gehe den Fragen nach,

14

die dir dabei ins Auge springen. »Erfolg*reichen* aufs Maul geschaut« ist ein nützliches Handbuch und zugleich ein leicht zugängliches Nachschlagewerk. Darin erhältst du spracherfolg*reiche* Tipps, die du sofort umsetzen kannst. Es gibt keinen Grund, erst morgen zu beginnen.

Im Januar 2001   Dr. Beat Schaller
                                        Kastanienweg 7
                                        CH-8802 Kilchberg-Zürich
                                        schaller-lemme@dplanet.ch

Werde reich –
kommuniziere erfolgreich

66 Erfolgstipps
machen dich spracherfolgreich©

Wie du startest, so liegst du im Rennen

Du liebst mich – du liebst mich nicht – du liebst mich – du ...

Erinnerst du dich noch an E. T., das kleine außerirdische Männchen im Film »E. T.«? Vielleicht. Künftig solltest du dich zu deinem eigenen Vorteil an einen ganz besonderen E. T. erinnern. Er heißt – einer breiten Öffentlichkeit bislang kaum bekannt – E. T. Hall.

E. T. Hall ist Sozialpsychologe. Er hat erkannt, dass 80 % der Urteile auf der Sympathie-Antipathie-Skala »geritzt« sind, bevor zwei Menschen überhaupt ein Wort gewechselt haben. Entscheidend ist die nonverbale Kommunikation – der Habitus des Körpers, die Gestik der Glieder und vor allem die Mimik des Gesichts.

Bevor du eine unbekannte Person überhaupt begrüßt hast, sind die Sympathie- oder Antipathiewerte zu 80 % verankert. Liebe auf den ersten Blick entscheidet sich wortlos. Jeder Quadratzentimeter deines Gesichts, deiner Figur, deiner Kleidung wird genau beobachtet und gemustert. Du hast keine zweite Chance für den ersten Eindruck. Allein schon deshalb sei dir geraten: Trete nie mit dem Charme eines Kühlschranks aus den 60er-Jahren auf.

Am Anfang war das Wort – das entscheidende Wort

In den meisten Fällen verhalten wir uns instinktiv so, als sei der erste Eindruck, den wir auf andere machen, entscheidender als alles, was nachher kommt. Folglich putzen wir uns bei jedem ersten Zusammentreffen mit allen nur erdenklichen Mitteln heraus, um auf den anderen möglichst vorteilhaft zu wirken. Stelle dir vor: Du stellst jemandem eine Person vor. Im ersten Fall schilderst du die Person so:

»*intelligent* – fleißig – impulsiv – kritisch – widerspenstig – neidisch«

Im zweiten Fall stellst du dieselbe Person vor. Dabei kehrst du einzig die Reihenfolge der im übrigen gleichen Eigenschaftswörter um:

»*neidisch* – widerspenstig – kritisch – impulsiv – fleißig – intelligent«

Der so genannte »Primacy«-Effekt zeigt, dass die allerersten Eigenschaften in der Liste einen prägenden Einfluss auf die Eindrucksbildung ausüben. Das Wort am Anfang entscheidet über Erfolg oder Misserfolg: Beginnst du die Vorstellung mit »intelligent«, ergibt sich ein weit positiverer Eindruck, als wenn du die Beschreibung mit »neidisch« anfängst.

Im ersten Fall beschreibst du die Person als fähig, im zweiten Fall als wahrscheinlich fehlangepasste Problemperson. Die erste Eigenschaft bestimmt also die Richtung des Gesamteindrucks. Später genannte Eigenschaften werden im Licht der vorangehenden Eigenschaften beurteilt. Das Überwiegen des ersten Eindrucks lässt sich als Vorrangeffekt (»Primacy«) kennzeichnen. Kurzum: Wie du startest, so liegt die vorgestellte Person bei anderen im Rennen.

Homepage

Wie halten es Unternehmen mit dem ersten Eindruck im Internet? Der Test der Homepages vier zufällig ausgewählter Banken ist aufschlussreich:

»Willkommen bei UBS. Die kunstvolle Art zu zahlen.« (United Bank of Switzerland)
»The right relationship is everything.« (Chase Manhattan Corporation)
»It's time for an expert.« (Crédit Suisse)
»Fresh ideas are leading to results.« (Deutsche Bank)

Einzig UBS richtet sich (noch) in deutscher Sprache an die Kunden. Einzig UBS kommt nicht über ein müdes »Willkommen« hinaus. Und einzig UBS erinnert mich gleich beim Einstieg, dass ich zu zahlen habe. Nicht dass ich etwas gegen die UBS hätte. Nur fällt der erste Eindruck der UBS im Vergleich zu den anderen Banken nicht eben günstig aus. Denn auch da gilt erbarmungslos: Wie Banken starten, wie Banken also zum Beispiel im Internet auf der Website aufstarten, so liegen sie im Rennen um Kunden, um Marktanteile und Wachstumsraten.

Die hohe Zahl zum erfolgreichen Einstieg

Studenten – spontan in zwei Gruppen eingeteilt – mussten innerhalb von fünf Sekunden das Ergebnis einer Rechenaufgabe schätzen. Die erste Gruppe musste das Produkt von

$$1 \times 2 \times 3 \times 4 \times 5 \times 6 \times 7 \times 8 = ?$$

schätzen, die zweite das Resultat der Multiplikation von

$$8 \times 7 \times 6 \times 5 \times 4 \times 3 \times 2 \times 1 = ?$$

Was schätzt du? Wie lautet das Ergebnis beider Rechnungen? – Die erste Gruppe schätzte das Produkt im Durchschnitt auf 512, die zweite Gruppe, welche die absteigende Zahlenreihe erhalten hatte, im Durchschnitt auf 2250. Die hohen Einstiegszahlen ergeben einen wesentlich höheren Schätzwert. Verblüffend übrigens das tatsächliche Ergebnis: 40.320!

Menschen schätzen schlecht. Und wenn Menschen schätzen, folgen sie Ankerreizen. Die Studenten haben sich offensichtlich an den ersten Punkten der Zahlenreihe orientiert – und den Rest der Rechenaufgaben mehr hochgerechnet und gar hochgeschätzt als tatsächlich vervielfacht. Studenten sind nicht besser und nicht schlechter als Kunden: Verkauft ein Händler beispielsweise ein Auto, übernimmt der Hersteller die Garantie verrechnungsfrei für die nächsten $8 \times 7 \times 6 \times 5 \times 4 \times 3 \times 2 \times 1$ Kilometer statt für die nächsten $1 \times 2 \times 3 \times 4 \times 5 \times 6 \times 7 \times 8$ Kilometer. Wetten, dass Kunden die Garantieleistung der ersten absteigenden Zahlenreihe höher einschätzen als die der zweiten aufsteigenden! Das Gesetz der hohen Einstiegszahlen kannst du auch einsetzen, wenn du Gewinnchancen, Renditemöglichkeiten, Serviceleistungen, Leistungsdaten usw. verkaufst.

Erfolgstipp Nr. 2:
Sprich wie du arbeitest: schneller als andere

Immer mehr Leute ersetzen Substanz durch Brillanz. Gefragt ist nicht mehr Substanz mit Brillanz. Gefragt ist Brillanz ohne Substanz, denn die Form gilt in unserer schillernden Welt – immer öfter – mehr als der Inhalt.

Die Testpsychologie hat nachgewiesen, dass in mündlichen Prüfungen jene Kandidaten deutlich besser abschneiden, die schnell sprechen. Spricht ein Kandidat hingegen denselben Inhalt langsam, schließt er die Prüfung schlechter ab. Warum? Die Experten sitzen einer verbreiteten Fehlwahrnehmung auf. Sie erliegen dem Missverständnis, die Redegeschwindigkeit (Form) mit dem Gehalt der Prüfungsantworten (Inhalt) gleichzusetzen. Kandidaten, welche dieselben Prüfungsfragen langsam beantworten, bestrafen sich selbst.

Ein Forschungsteam hat eine mündliche Abiturprüfung in Geografie mit der Videokamera aufgenommen. Als Kandidatin wirkte eine Schauspielerin. Die Referenzprüfung dauerte 19,5 Minuten; die Prüfungsleistung wurde von Experten bewertet und mit einer Note 2,65 beziffert (Bestnote = 1).

Danach sprach dieselbe Kandidatin alle Antworten noch viermal auf Video. In diesen Antworten auf die Fragen der Experten kamen alle Inhalte der ersten Aufzeichnung vor. Allerdings sprach die Kandidatin die ganze Prüfung bewusst schneller oder langsamer – mit erheblichen Folgen auf die Prüfungsleistung und die Wahrnehmung bei den Experten!

Schaubild 2: Redest du flüssig, wirkst du erfolgreich

		Die Prüfung dauert: 19,5 Minuten. Du erhältst die Note 2,65.		
Die Prüfung dauert 30 Minuten. Du erhältst die Note 3,98.	Die Prüfung dauert 23 Minuten. Du erhältst die Note 3,37.		Die Prüfung dauert: 16 Minuten. Du erhältst die Note 1,57.	Die Prüfung dauert: 9 Minuten. Du erhältst die Note 2,18.
Du sprichst stockend.	Du sprichst langsam und zögerlich.	Du sprichst wie der Durchschnitt.	Du sprichst zügig, flüssig, redegewandt.	Du sprichst maschingewehrartig, pausenlos.
So wirkst du auf Experten: Tranlampe, Stehgeiger, Schlafmütze.	So wirkst du auf Experten: Langweiler, Bremser.	So wirkst du auf Experten: fällt weder auf noch ab.	So wirkst du auf Experten: dynamisch, effizient.	So wirkst du auf Experten: arrogant.

Erfolg erzielt, wer zügig, flüssig spricht, redegewandt wirkt. Redefluss wird mit der mit Abstand besten Zensur und mit der mit Abstand besten Wirkung auf die Experten belohnt. Flüssiges Sprechtempo wird mit Intelligenzfluss gleichgesetzt.

Die erstaunlichen Fehlwahrnehmungen und Fehlleistungen von Lehrkräften sind – machen wir uns nichts vor – getrost auch auf andere Lebensfelder zu übertragen, zumal ja das ganze Leben als eine große Prüfung bezeichnet werden darf. Tagtäglich wirst du im wirklichen Leben – in der Familie, im Bekanntenkreis, in der Firma, in der Öffentlichkeit – Prüfungen zumeist in Form von Besprechungen unterzogen.

Wer jedoch Prüfungen unterzogen wird, unterliegt Fehlwahrnehmungen und setzt sich Fehlleistungen der Gesprächspartner aus. Du strafst dich selbst mit einem stockenden oder zögerlichen Redefluss. Und du katapultierst dich selbst ins Offside, wenn du wie aus einem Rohr geschossen als arroganter »Schnurri« (typisch helvetischer Ausdruck für einen ununterbrochen vor sich hin plaudernden Schnellredner) auftrittst.

Und nun die Gretchenfrage jeder Erfolgssprache: Wirkt dein Redefluss auf deine Gesprächspartner flüssig und überzeugend? Falls ja, weiter so! Falls nein, Redegeschwindigkeit erhöhen!

Erfolgstipp Nr. 3:
Wiederhole, wiederhole, wiederhole!

Gestatte, dass ich dich um einen Gefallen bitte: Verlerne schleunigst das eine, was du in der Schule gelernt hast. Nein, nein, nicht dass du nur das eine in der Schule erlernt hättest. Nur steht uns das eine auf dem Wege zum Erfolg im Wege. Neugierig?

In Schulaufsätzen galten Wiederholungen als Fehler – vielleicht erinnerst du dich noch an das große »W« am Heftrand. Jahrelang wurden wir getrimmt, gefälligst auf Wiederholungen zu verzichten. Verlerne es! Vergiss es! Warum? Wie die klassische Vergessenskurve nach Hermann Ebbinghaus belegt, stimmt lernpsychologisch das Gegenteil: Wiederholungen machen erfolgreich.

Wir vergessen in 20 Minuten mehr als in 31 Tagen

Professor Hermann Ebbinghaus (1850–1909) führte die ersten Gedächtnisexperimente durch. Ebbinghaus lernte Listen mit sinnfreien Silben auswendig. Er übte so lange, bis er seine Listen korrekt auswendig hersagen konnte.

Die klassische Vergessenskurve nach Ebbinghaus stellt den Prozentsatz erinnerter Silben aus der ursprünglichen Liste dar. Es ist deutlich erkennbar, dass Professor Ebbinghaus in den ersten 20 Minuten mehr vergessen hat als in den folgenden 31 Tagen!

Schaubild 3: Wir vergessen erst schnell, dann langsam

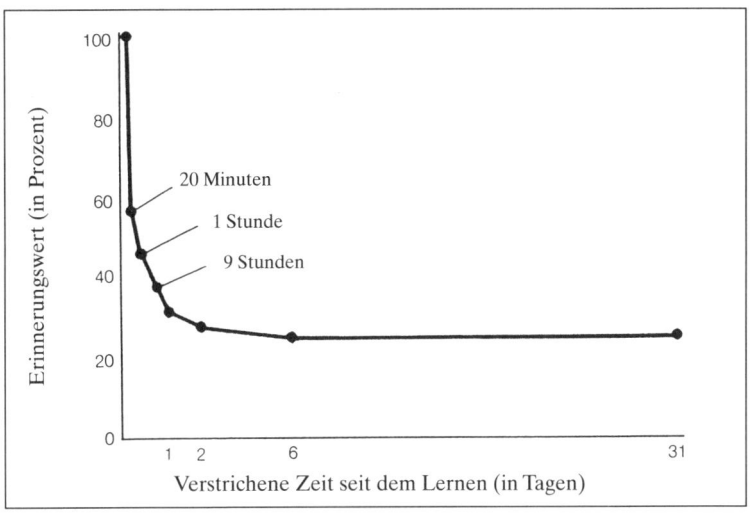

Das Schaubild 3 zeigt die klassische Vergessenskurve nach Ebbinghaus. Jeder Punkt stellt den Prozentsatz erinnerter Silben aus der ursprünglichen Liste dar. Es ist deutlich erkennbar, dass in den ersten 20 Minuten mehr vergessen wird als in den folgenden 31 Tagen.

Sowohl die anfängliche Schnelligkeit des Vergessens – 40 % in den ersten 20 Minuten – als auch die spätere Langsamkeit des Vergessens – 25 % in den folgenden 31 Tagen – überraschen.

Das Langzeitgedächtnis schlägt das Kurzzeitgedächtnis

In der Tat ist deutlich erkennbar, dass wir – dem Professor geht's ja nicht besser – in den ersten 20 Minuten mehr vergessen als in den folgenden 31 Tagen. Und bereits eine Stunde nach dem Lernen haben wir rund die Hälfte der Silben vergessen. Allerdings scheint irgendwann das Vergessen sogar völlig aufzuhören; es sieht so aus, als ob das Gedächtnis nach einiger Zeit einen bestimmten Punkt erreicht, an dem das Erlernte dauerhaft behalten und nicht mehr vergessen wird.

27

Erfolgreiche wiederholen, wiederholen, wiederholen

Gestatte daher eine Empfehlung. Wiederhole Schlüsselbotschaften. Wiederhole diese immer wieder.* Denn Erfolgreiche schreiben es sich hinter die Ohren: Einmal ist keinmal.

Wer anderen etwas vermitteln will, muss die Kernbotschaft mehrmals wiederholen – spätestens nach 20 Minuten. Wer nicht wiederholt, unterliegt dem »Goeschenen-Airolo-Effekt«: Die Botschaft geht zum einen Ohr rein, zum andern Ohr raus. Wiederholungen erst erhöhen die Wahrscheinlichkeit, Botschaften bei Geschäfts- bzw. Gesprächspartnern zu verankern. Wiederholungen erst steigern den Erinnerungswert.

Erfolgsbeispiele

Kaffee in Italien sei heiß wie das Feuer, süß wie die Liebe und schwarz wie die Versuchung in der Nacht. Zugegebenermaßen: Diese Vergleiche gehören zum Erfolgstipp Nr. 18 (Seite 49). Nichtsdestoweniger lobpreisen die echten Italiener ihren wahren Kaffee mit einer Wiederholung: *»caffé-caffé«.*

Winston Churchill, erfolgreicher Altmeister der Rhetorik, scheut sich in seiner berühmten »Blut-Schweiß-und-Tränen-Rede« vom 13. Mai 1940 nicht, seiner Nation in fünf Sätzen gleich fünfmal das entscheidende Wörtchen »Sieg« einzuhämmern: »Sie fragen, was unser Ziel sei? Ich antworte mit einem Wort: *Sieg. Sieg* um jeden Preis. *Sieg,* ungeachtet allen Terrors. *Sieg,* wie lang und mühsam der Weg auch sein mag. Denn ohne *Sieg* gibt es kein Überleben.« Winston Churchill entpuppt sich als rhetorischer Wiederholungstäter. Und was Churchill recht ist, kann für dich nicht schlecht sein.

---

* Dass die Kernbotschaft – wir vergessen in den ersten 20 Minuten mehr als in den folgenden 31 Tagen – viermal wiederholt wird, ist – ich gestehe es offen – durchaus beabsichtigt und wohl begründet. Denn als Autor will ich das Wissen dieses Sachbuches bei meinen Leserinnen und Lesern erfolgreich verankern. Deshalb setze ich tatkräftig Wiederholungen ein. Fazit: An den Wiederholungen werde ich deinen Erfolg erkennen.

Selbst in der bestanerkannten Weltliteratur setzen Schriftsteller auf die Wiederholung, um nachhaltigere Wirkung zu erzeugen: »Aber alles ist *Liebe, Liebe, Liebe*« (Clemens Brentano).

»Ein *Pferd!* Ein *Pferd!* Mein Königreich für 'n *Pferd!*« (William Shakespeare, Richard III.).

»*Menschen!* – *Menschen!* falsche heuchlerische Krokodilsbrut!« (Friedrich von Schiller).

Die Investmentbank Paribas bietet auf allen Weltmärkten mit über 50 Fonds »*Auswahl, Auswahl, Auswahl*«.

Volkswagen wirbt für den Käfer: »Er *läuft und läuft und läuft* ...«

Paragraph 120 des Volvo-Verkaufshandbuches 1936 beschreibt, wie Kunden beim Verkauf des damals neuen Volvo PV51 zu behandeln sind: »Regel 1: *Lasst ihn das Auto fahren!* Regel 2: *Lasst ihn das Auto fahren!* Regel 3: *Lasst ihn das Auto fahren!*«

NCR stattet Websites mit der nötigen Intelligenz aus, um eine individuelle Interaktion mit Kunden aufbauen zu können: »*Mehr Wissen. Mehr Wissen. Mehr Wissen.*«

Erfolgstipp Nr. 4:
Hole zum Doppelschlag aus

Die Wortverdoppelung verdichtet jede beliebige Aussage zu einer Zwangsläufigkeit – oft in der Form: *Gesagt ist gesagt. Getan ist getan. Gekauft ist gekauft. Gewählt ist gewählt. Gewonnen ist gewonnen.* Diese sprachlichen Doppelschläge verdeutlichen die Gradlinigkeit des Handelnden. Da wird nicht lange gefackelt. Da wird zugepackt – schnörkellos, zielführend, ergebnisorientiert. Entsprechend beliebt ist die oftmals unwiderstehliche Wortverdoppelung bei erfolgreichen Persönlichkeiten.

Mit Wortverdoppelungen gelingt es dir, leicht verständlich das ganz Besondere in Beziehungen hervorzustreichen. Friedrich von Schiller beherrscht den Doppelschlag meisterhaft:»Im *Herzen meines Herzens* halt ich ihn eingeschlossen.«, oder:»... eines *Freundes Freund* zu sein ...« (beide aus:»An die Freude«). Erfreut wirst du Erfolge wahrnehmen, wenn du Friedrich Schillers Doppelschläge anwendest – sei es bei den Allerliebsten in der Familie (»Im Herzen meines Herzens ...«) oder bei langjährigen Geschäftsfreunden (»... eines Freundes Freund zu sein ...«).

Gerne lade ich dich ein, selbst Wortverdoppelungen zu schaffen und diese einzusetzen. Beispielsweise empfiehlst du die *Aktie aller Aktien*, lobst du als Gast das *Menü aller Menüs*, rühmst du den Journalisten als *besten Journalisten aller Journalisten* usw. So holst du zu unwiderstehlichen Doppelschlägen aus. Kaum jemand ist gegen den Doppelschlag gefeit – vorausgesetzt, die Botschaft ist der Wirklichkeit nicht völlig entgegengesetzt (Aktie flop, Menü flop, Journalist flop). Mercedes fährt mit einem Doppelschlag in die Zukunft des Automobils:»Nur ein *Mercedes* ist ein *Mercedes.*« Bleibt ein ebenso erfolgreicher Doppelschlag anzufügen:»*Persil* bleibt *Persil.*«

Erfolgstipp Nr. 5:
Wiederholt angefangen. Wiederholt beendet

Wer dasselbe Wort oder dieselben Wörter am *Anfang* eines Satzes mehrmals wiederholt, verdeutlicht seine Botschaft (»Anapher«). Die Deutsche Bahn setzt dieselben Wörter an den Anfang aufeinander folgender Sätze, um die Vorzüge des Intercity Night hervorzuheben:»*Sie nicken* zum Preis. *Sie nicken* zum Service. *Sie nicken* ein.« Die immer gleichen Wörter am Anfang der Sätze erleichtern die Erkennbarkeit des Textes und verleihen ihm einen gefälligen Rhythmus.»*Sie* wissen, worauf es ankommt. *Sie* erkennen die Chancen. *Sie* stehen auf Erfolg.« In drei Satzanfängen stellt die DSL-Bank»Sie« als erfolgshungrigen Kunden in den Mittelpunkt.

Die Bank Austria kann es ebenfalls nicht lassen – und wiederholt die Wörter am Satzanfang:»*Mehr* Bank. *Mehr* Chancen.«

Und nun andersrum. Auch wer ein Wort oder dieselben Wörter am *Ende* eines Satzes mehrmals wiederholt, verdeutlicht die Botschaft (»Epipher«). Die Allianz-Versicherung rät Urlaubsreisenden:»Ticket *weg*, Pass *weg*, Geld *weg*. Wer holt sie jetzt da *weg*?« Dieses Erfolgsbeispiel zeigt, wie das immer gleiche Wort am Ende eines Satzes einen Text einprägsamer macht.

Die Deutsche Börse setzt auf des vollelektronische Handelssystem»Xetra«:»Leben *in Echtzeit*. Börse *in Echtzeit*.«

Nur wer einen Kunden ein für alle Mal abfertigen will, wählt die Taktik:»Kunde an*hauen*, um*hauen*, ab*hauen*.«

Erfolgstipp Nr. 6:
Eine abgerundete Sache

Die Umrahmung greift denselben Inhalt am Anfang und Ende einer Rede oder Schreibe auf. Das Ergebnis: eine abgerundete Sache.

Ta Tai Li fügt seine Gedanken in eine Umrahmung: »*Sittlichkeit*: den Hochstehenden Respekt erweisen, den Alten Pietät, den Jungen Liebe, den Halbwüchsigen Freundschaft, den Niedrigen Güte – das ist *Sittlichkeit*.«

In einem modernen Gedicht von Annette Kast-Riedlinger kommt die Umrahmung eindringlich zur Geltung: »*Fehlbuchung, Irrtum, Storno.* Der Kunde wollte nur einen Tagesauflug in den Garten der Lüste. Wir lieferten aus Versehen ein unlimitiertes Abonnement fürs Paradies. *Fehlbuchung. Irrtum. Storno.*«

Erfolgstipp Nr. 7:
Verstärke den Partner – das stärkt dich

Der Versuchsleiter bittet die Versuchsperson:»Nennen Sie alle Unternehmen, die Ihnen einfallen. Nennen Sie die Firmennamen einzeln. Verwenden Sie keine Sätze oder Redewendungen. Hören Sie erst auf, wenn ich ›Halt‹ sage. Bitte fangen Sie an.« Und die Versuchspersonen beginnen in Anwesenheit des Versuchsleiters beispielsweise so:

Schaubild 4: Verstärke, was dir nützt

Die Versuchsperson nennt beliebige Unternehmen	Und was die Versuchspersonen nicht wissen: Der Versuchsleiter verstärkt alle E-Commerce-Unternehmen, also alle dot.com-Internetfirmen mit einem kopfnickenden Ja
BMW	
Adidas-Salomon	
Degussa-Huels	
Buderus	
Continental	
T-Online	Ja
Boxman.com	Ja
Karstadt	
Heidelberger Druck	
ConSors Discount Broker	Ja
LetsBuyIt.com	Ja
Pixelpark.com	Ja

Jedes Mal, wenn die Person eine moderne dot.com-Company nennt, anerkennt und bekräftigt der Versuchsleiter mit einem kopfnickenden Ja.

Wir erkennen auf einen Blick, dass die Anzahl der dot.com-Firmen im Laufe des Versuchs zunehmen. Wir müssen also anneh-

33

men, dass Personen ihr verbales Verhalten auch *unbewusst* ändern, wenn sie nur zum richtigen Zeitpunkt belohnt, verstärkt werden. Wird der Verstärker – oben das kopfnickende Ja – von den Versuchspersonen im anerkennenden und lobenden Sinne wahrgenommen, verändern die Versuchspersonen ihr Verhalten auch unbewusst in Richtung der vom Versuchsleiter gewünschten Verhaltensweise! Willst du beispielsweise Aktien der dot.com-Unternehmen im Markt platzieren, verstärkst du mögliche Kunden spracherfolgreich immer dann, wenn sie den Namen einer dot.com erwähnen. Zugleichst unterlässt du eine Verstärkung, wenn mögliche Kunden auf Unternehmen zu sprechen kommen, deren Aktien den klassischen Blue Chips (traditionelle börsennotierte Unternehmen) zugehören.

Ein Lob zur rechten Zeit macht erfolgreich

Es gelingt, sprachliches Verhalten durch minimale verbale Verstärkung – ein Lob zur rechen Zeit – zu steuern. Dieser Steuerungsvorgang der Verstärkung heißt »verbale Konditionierung« oder »operantes Konditionieren«. Als Verstärker eignen sich sehr viele Stimuli: ein kopfnickendes Ja ohnehin, außerdem Äußerungen wie »Gut«, »Richtig«, »Genau«, »Mhm«, »Bravo«, »Hervorragend« oder ganz einfach ein Lächeln.

Nicht zu unterschätzen ist das Verhältnis zum Versuchsleiter. Wenn der Versuchsleiter den Versuchspersonen vor dem Versuch den Eindruck vermittelte, sie würden aufgrund ihrer Persönlichkeitseigenschaften gut zum Versuchsleiter passen, stieg der Konditionierungseffekt.

Erfolgstipp Nr. 8:
Du toller Hirsch, du!

Stell dir vor, ich würde einer Dame weismachen wollen, was für ein toller Hirsch ich sei. Ich über mich – das riecht anrüchig, wirkt dick aufgetragen und kommt in den seltensten Fällen glaubwürdig an. Empfiehlst hingegen *du* mich in Gegenwart der Dame als gestandenes Mannsbild, steigt meine Chance, bei der Dame auf Anerkennung zu stoßen: Du über mich in Anwesenheit Dritter wirkt auf Dritte glaub- und vertrauenswürdiger.

Gleiches gilt für Unternehmen. Der Vertreter kann den Staubsauger seines Unternehmens noch so toll rühmen, für Kunden wirkt diese »Wir über uns«-Botschaft wenig glaub- und vertrauenswürdig. Lässt das Unternehmen jedoch Kunden über deren Erfahrungen mit dem Staubsauger berichten, steigt die Glaub- und Vertrauenswürdigkeit der Kommunikation: Kunden über Unternehmen – diese Perspektive macht die Unternehmenskommunikation erfolgreich. Erfolgreiche Unternehmen kommunizieren entlang der Losung: weniger »Wir über uns«, mehr »Andere über uns«. Diesen Tipp kannst du in jedem Unternehmen mit zumindest einem zufriedenen Kunden umsetzen.

Erfolgstipp Nr. 9:
Gib und dir wird gegeben

Kleine Geschenke erhalten die Freundschaft. Kaum ein Verkäufer wartet däumchendrehend, bis Kunden ins Geschäft kommen. Verkäufer spüren genau: Geben ist seliger denn nehmen, um bisherige Kunden zu binden oder neue Kunden zu finden. Wer öffentlich – sei es an einer Sportveranstaltung, sei es vor dem Supermarkt – Gratisproben verteilt, ruft in Kunden ein Gefühl der Verpflichtung hervor. Vielen Leuten fällt es schwer, eine Probe von einem der stets freundlich lächelnden Menschen anzunehmen und einfach weiterzugehen. Stattdessen kaufen viele das Produkt bei nächstbester Gelegenheit – auch wenn ihnen die »Gratismüsterli« gar nicht besonders geschmeckt haben.

Die Tatsache, dass ungebetene Geschenke Verbundenheitsgefühle auslösen, machen sich zahlreiche Organisationen zunutze: Wie häufig bekommen wir von Hilfswerken kleine Geschenke zugesandt – Ansichtskarten, Grußkarten, Schlüsselringe, persönliche Adressaufkleber – mit einem Begleitschreiben, in dem um eine Spende gebeten wird? Merke: Kommunizierst du mit »Gratismüsterlis«, erzeugst du bei vielen Kunden ein Verbundenheitsgefühl. Die boomenden Mobiltelefonierer locken Kunden mit kostenlosen Handys – ganz gewiss nicht umsonst!

Erfolgstipp Nr. 10:
Sprich die Sprache des Preises

Wenn Sie Verkäufer für Billardtische wären, für welchen würden Sie zuerst die Werbetrommel rühren – für das 329-Dollar-Modell oder das 3000-Dollar-Modell?

In der ersten Woche bekamen die Kunden zuerst das untere Ende der Palette und erst danach die teuren Modelle zu sehen – der klassische Trading-up-Ansatz. Der Durchschnittspreis der verkauften Tische lag in dieser Woche bei 550 Dollar. Die Verkäufer handelten die Kunden vom 329-Dollar-Billardtisch mühsam auf 550 Dollar hoch.

In der zweiten Woche wurden die Kunden gleich am Anfang zu einem 3000-Dollar-Tisch geführt, ungeachtet ihrer Vorstellungen, und bekamen erst danach den Rest zu sehen, preislich und qualitätsmäßig in absteigender Reihenfolge. Das Resultat dieser Selling-down-Methode: Der Preis der verkauften Tische stieg auf durchschnittlich über 1000 Dollar!

Fazit: Verkaufe lieber glorreich von oben nach unten als mühsam von unten nach oben. Schreibe dir diese deutliche Sprache des Preises ein für alle Mal hinter die Ohren.

Was nichts kostet, ist nichts wert

In einer Mailänder Boutique wurden Schmuckstücke angeboten, die im Vergleich zum verlangten Preis von hoher Qualität waren – und dennoch wollte niemand den Schmuck kaufen. Die Ladeninhaberin hat eine Reihe der üblichen Vekaufstricks ausprobiert, um den Schmuck loszuwerden.

Die geschäftstüchtige Frau versuchte die Aufmerksamkeit auf die Schmuckstücke zu lenken, indem sie die Artikel im Schaufenster besonders auffällig ausstellte – ohne Kommunikationsglück. Sie wies sogar das Verkaufspersonal an, diese Schmuckstücke besonders häufig zu empfehlen – ebenfalls ohne Kommunikationsglück. Schließlich setzte sie den Preis auf die Hälfte herunter, nur um die lästigen Stücke loszuwerden, und sei es mit Verlust – wiederum ohne Kommunikationsglück. Zu guter Letzt warf sie den rettenden Anker: Sie verdoppelte den ursprünglichen Preis – und es war für sie eine Überraschung, dass binnen fünf Tagen alle Schmuckstücke verkauft waren.

Es ist leicht, über die Touristen und ihre nicht besonders kluge Kaufentscheidung zu lachen. Es handelt sich um Leute, die mit der Regel »Alles hat seinen Preis« aufgewachsen sind. Und von »Alles hat seinen Preis« ist es nicht mehr weit zu »Was viel kostet, muss auch gut sein«. Diese gleichsam verinnerlichte Lebensregel »teuer gleich gut« hat sich für die Leute bewährt, da der Preis einer Sache normalerweise mit ihrem Wert ansteigt, ein höherer Preis in der Regel eine höhere Qualität bedeutet. Verständlicherweise verlassen sich die Touristen, die – ohne viel von Türkisen zu verstehen – guten Schmuck kaufen wollen, auf den Preis als bewährtes, leicht erkennbares Kommunikationssignal, um sich ein Bild von dem Wert des Schmucks zu machen.

Erfolgstipp Nr. 11:
Kommuniziere dort, wo Leute kaufen

Kreditkarten ermöglichen uns den sofortigen Genuss von Gütern und Dienstleistungen, wobei die damit verbundenen Kosten erst Wochen später anfallen. Was kommuniziert die Kreditkarte in der Hand des Kunden? Betrachten wir einen Gast im Restaurant.

Kreditkartensignets an Eingangstüren

1. Allein die Anwesenheit eines Master-Card-Signets – sei es an der Eingangstüre oder anderswo – bringt die Gäste dazu, die teuren Menüs zu wählen und mehr Geld auszugeben. *Nur so nebenbei:* Achten Sie beim nächsten Einkaufsbummel darauf, bei wie vielen Gaststätten und Geschäften ein Kreditkartensignet an Eingangstüren und Schaufenstern prangt ...

2. Begleichen die Gäste die Rechnung, geben sie höhere Trinkgelder, wenn sie mit Kreditkarten anstatt bar bezahlen. *Nur so nebenbei:* Sag mir, wie du zahlst, und ich sag dir, wie viel Trinkgeld du gibst ...

3. Die Gäste geben deutlich mehr Trinkgeld, wenn der Teller mit dem Symbol einer Kreditkarte beschriftet ist. *Nur so nebenbei:* Erfolgreiche Kellner verlangen im Service Teller mit dem Symbol einer Kreditkarte aufgedruckt.

Fazit: Wer den Erfolg sucht, setzt jedes Mittel gezielt ein. Kreditkartensignets wirken sich erfolgreich aufs Geschäft aus. Das leben erfolgreiche Gastwirte und Kellner vor. Bleibt nur anzufügen: zur Nachahmung empfohlen. Wo setzt du Kreditkartensymbole als verkaufsförderndes Kommunikationsinstrument ein?

Erfolgstipp Nr. 12:
Mach dich rar – und begehrt

Dieser Kniff lässt die Kassen klingeln: Sag erst, wie knapp und begehrt etwas ist. Dann kannst du beinahe jeden Preis durchsetzen.

Eine Verkäuferin geht auf ein Ehepaar zu, das sich in einem Haushaltswarengeschäft ein Bügeleisen anschaut:»Ich sehe, Sie interessieren sich für dieses Modell, und das wundert mich nicht: Es ist ein sehr gutes Gerät zu einem sehr guten Preis. Aber leider habe ich es erst vor 20 Minuten einem anderen Paar verkauft. Und wenn mich nicht alles täuscht, war es das letzte, das wir hatten.«

Glücklich der Kunde, der einen hohen Preis entrichtet

Den Kunden ist ihre Enttäuschung deutlich anzumerken. Dadurch, dass das Bügeleisen nun nicht mehr erhältlich zu sein scheint, hat das Gerät plötzlich noch an Reiz gewonnen. Meistens stellt dann einer der beiden die Frage, ob möglicherweise im Lager oder anderswo noch ein unverkauftes Exemplar vorhanden ist. »Das ist«, antwortet dann die Verkäuferin,»nicht ausgeschlossen. Ich schaue mal nach. Und verstehe ich Sie richtig, dass Sie das Modell haben möchten?« Die Verkäuferin beherrscht die raffinierte Taktik des knappen Angebots. Die Kunden sollen sich zu einem Zeitpunkt auf das Gerät festlegen, da es am unerreichbarsten und damit am attraktivsten erscheint. Viele Kunden treffen in diesem Augenblick die Entscheidung zum Kauf, dann verschwindet die Verkäuferin ins Lager und kehrt – ausgerüstet mit einem Kugelschreiber und einem Kaufvertrag – mit der erlösenden Frohbotschaft zum Ehepaar zurück:»Sie dürfen sich glücklich schätzen. Ich habe noch eines gefunden.«

Das gewinnträchtige Spiel mit der Knappheit des Angebots spielt auch in Szenelokalen wie Discos, Bars, Kinos: Bewusst wird eine allerdings nicht zu lange Schlange angestaut, obwohl in den Lokalen durchaus Platz vorhanden ist. Je weniger Möglichkeiten bestehen, etwas zu erreichen, desto wertvoller erscheinen sie. Was für erfolgreiche Produkte gilt, gilt auch für erfolgreiche Personen: Je knapper und rarer die Zeit, desto begehrter und teurer. Mach dich rar – und du kannst für dieselben Dienstleistungen einen ungleich höheren Preis verlangen.

Erfolgstipp Nr. 13:
Halte mit deinen (Wort-)Reizen nicht zurück

Reizwörter rufen gedankliche Verknüpfungen respektive persönliche Vorstellungsbilder hervor. Zum Beispiel Männer: Softies werden *Weicheier* und *Warmduscher*, Machos *Harteier* und *Kaltduscher* genannt. Setze Reizwörter ein, um Empfindungen auszulösen, welche in deinem oder aber in deiner Sache Interesse liegen. Reizwörter verführen durch die Vorstellungsbilder: je stärker, desto wirksamer und desto erfolgreicher.

Laetitia Casta, französisches Topmodel, liebt es, deftig zu essen: »Salat ist nichts für mich, ich bin doch kein *Kaninchen*.«

Activest, die Fondsgesellschaft der HypoVereinsbank, reizt in einem Interview einen ihrer Kunden mit der Frage: »Sind Sie ein *Börsenhai*?« Antwort von Yorck Kaempfer (38), Activest-Kunde: »Wenn ich *Wild West* spielen wollte, hätte ich keinen Investmentfonds gekauft. So *fuchsig*, nun jeden Tag die richtigen Papiere zu kaufen und zu verkaufen, bin ich nicht.« Das macht Activest ohnehin besser.

Verklärung

Der guten Ordnung halber sei angefügt, dass Wörter je nach Interessenlage auch entreizt werden können. Ein Atomkraftwerk heißt dann Kernkraftwerk. Das Schweizer Bankgeheimnis wird dann zum Bankkundengeheimnis oder in Englisch schlicht, einfach und verständlich zu »financial privacy«.

Autounfall

Augenzeugen sollen vor dem Richter »die Wahrheit und nichts als die Wahrheit« aussagen. Die einen Augenzeugen desselben

Autounfalls wurden gefragt:»Wie schnell etwa fuhren die Autos, als diese *ineinander krachten*?« Die andere Gruppe wurde gefragt:»Wie schnell etwa fuhren die Autos, als diese *zusammenstießen*?«
Hernach fragte der Richter alle Augenzeugen:»Haben Sie gesehen, dass Glas zersplittert ist?« In Tat und Wahrheit forderte der Autounfall keine Glassplitter. Dennoch beantworteten die Versuchspersonen, denen zuvor die Frage mit dem Reizwort *»ineinander krachen«* gestellt worden war, *doppelt so häufig*, sie hätten Glassplitter gesehen, als diejenigen, denen gegenüber von *»zusammenstoßen«* die Rede gewesen war. Reizwörter verzerren den Wahrheitsgehalt von Zeugenaussagen völlig. Diese Erkenntnis ist wichtig fürs Geschäft: Kunden sind Zeugen deines Unternehmens. Halte also mit deinen (Wort-)Reizen nicht zurück.

Erfolgstipp Nr. 14:
Anspielungen mit geballter Kraft

Belastende Anspielungen reichen, um einen Zusammenhang zwischen einer namentlich genannten Person und einem bestimmten Sachverhalt zu bewirken:
»Steht Bob Talbert mit der Mafia in Verbindung?« Wer diese Frage hört oder liest, tendiert dazu, Bob Talbert mit der Mafia in Verbindung zu bringen. Noch erstaunlicher ist die Tatsache, dass selbst eine verneint dargebotene Unterstellung der Art »Bob Talbert steht nicht mit der Mafia in Verbindung« vollkommen ausreicht, um Bob Talbert in den Dunstkreis der Mafia zu rücken.

Der Online-Dienstleister AOL spielt auf etwas ganz anderes an: *»Bin ich schon drin?«* Diese Anspielung lässt nicht nur Internetfreaks unberührt.

Am Strand des idyllischen malaysischen Eilands präsentiert die busenstarke Dolly Buster ihr neues Buch *»Alles echt – Durchhänger und andere Höhepunkte«*. Wohl geformt ist ihr Körper, wohl geformt ist ihre Sprache – und schon greift die Männerwelt zu ihrem Buch.

»Wohin schauen die Frauen zuerst?« Raten Sie mal. Fiat präsentiert den neuen Bravo Trofeo von hinten. Alles klar?

Begreife Kunden als wirkliche Menschen. Erfolgreiche Unternehmen kommunizieren mit den tiefsten Gefühlen der Menschen. So kam es, dass ein Pullover-Gigant wie Benetton als Erster die Jugendlichen ansprach mit: *»Das ist die Welt. Was hast du vor, mit ihr anzufangen?«* So kannst du verstehen, warum sich Nike der Anspielung bedient: *»Just do it.«* Tu's einfach – anspielend auf: Du kannst gewinnen.

Erfolgstipp Nr. 15:
Kurze Hauptsätze gehen unter die Haut

Wir bekennen uns zu einer verständlichen, einfachen und klaren Sprache. Hauptregel für den Satzbau: kurze Hauptsätze. Kurze Hauptsätze. Kurze Hauptsätze.

Kurt Tucholsky zeigt in seinem ironischen Text »Ratschläge für einen schlechten Redner«, wie du auf gar keinen Fall reden und schreiben sollst: »Du musst alles in die Nebensätze legen. Gott wird es dir lohnen. Sag nie: ›Die Steuern sind zu hoch.‹ Das ist zu einfach. Sag: ›Ich möchte zu dem, was ich soeben gesagt habe, noch kurz bemerken, dass mir die Steuern bei weitem zu hoch sind.‹ So heißt das.«

Faustregel vor Augen

Sollen Texte für die Allgemeinheit verständlich sein, dürfen diese höchstens den Schwierigkeitsgrad eines Schulaufsatzes der 5./6. Schulklasse aufweisen. Was diese Faustregel bedeutet? Du hättest die Schule in der 5./6 Klasse verlassen sollen, um die Verständlichkeit der Sprache zu erhalten. Lies ruhig in deinen Schulheften nach. Bis zur 5./6. Klasse hast du deine Texte, artig und wie es sich gehört, mit kurzen Hauptsätzen verfasst. Hauptsatz folgt auf Hauptsatz. Keine Nebensätze. Keine Schachtelsätze. Wer länger als bis zur 5./6. Klasse die Schulbank drückte, verlor mit an Sicherheit grenzender Wahrscheinlichkeit seine Unschuld und seine Unverdorbenheit im sprachlichen Ausdruck.

Erfolgstipp Nr. 16:
Bringe Kernbotschaften in Topform

Lege deinen Kernbotschaften denselben Satzaufbau zugrunde. Verwende in unmittelbar aufeinanderffolgenden Sätzen mehrmals dieselbe Satzbauform. Damit erleichterst du die Erkennbarkeit deines Gedankenganges. Und bringst deine Schlüsselbotschaften in Topform. Bewusst wählt der Chinese Kyü Tsin dieselbe Satzbauform.
»Wünscht man, dass die Menschen einen lieben, muss man zuvor lieben die Menschen.
Wünscht man, dass die Menschen einem folgen, muss man zuvor folgen den Menschen.«

Auch Kurt Tucholsky kennt die Wirkkraft, die demselben Satzaufbau entspringt:
»Das deutsche Schicksal: vor einem Schalter zu stehen.
Das deutsche Ideal: hinter einem Schalter zu sitzen.«

Die privaten Bausparkassen setzten ebenfalls auf die Parallelkonstruktion des Satzaufbaus:
»Sie haben das Ziel, auf das Sie sich freuen: die eigenen vier Wände. Sie haben einen Plan, den Sie verfolgen: wirklich frei zu sein.«

Für fleckenfreie Gläser sorgt der automatische Kalksensor im Geschirrspüler der V-Zug. V-Zug führt die Kunden in drei parallel konstruierten Botschaften zu ihrer Weltneuheit: »10 000 v. Chr.: Ende der Eiszeit. 3000 v. Chr.: Ende der Steinzeit. 2000 n. Chr.: Ende der Kalkzeit dank ZUGer Weltneuheit.«

Weniger ist auch rhetorisch oft mehr. Warum stets neue Satzbaumuster formen und umstellen, wenn gerade durch die Wiederholung desselben Satzaufbaus erfolgreicher kommuniziert werden kann? Die neue rhetorische Bequemlichkeit lautet also: Konzentriere dich bei Kernbotschaften auf den Inhalt, in der Form entscheide dich für einen Satzaufbau – und wiederhole diesen mehrmals.

Erfolgstipp Nr. 17:
Rede gescheit – Spreche viel – Sage nichts

Hast du Probleme,
... deine Investitionsanträge überzeugend zu formulieren?
... den Vorgesetzten ein begeistertes Kopfnicken zu entlocken?
... bedeutungsschwangere Statements zu formulieren?
... in den Besprechungen mitzureden, obwohl du keine Ahnung hast?
... deiner Sprache eine wissenschaftliche Würde zu verleihen?
... informelle Gesprächssituationen sicher zu meistern?
... deine Projekte intern und extern optimal zu positionieren?
... deine Ideen und Produkte wirkungsvoll zu verkaufen?

Gerätst du – und ich spreche keineswegs nur Politiker an – in jene verzwickte Lage, dass du sprechen musst, jedoch nichts sagen willst, dann bleibe getrost so abstrakt wie nur möglich. Mit abstrakten Begriffen erzeugst du die geringste Resonanz bei den Leuten. Die Leute nehmen dich kaum wahr. Und du kommst aalglatt davon. Hier ist die Lösung: die »Rede-gescheit-Spreche-viel-Sage-nichts-Liste«.

Wer sich so allgemein halten will, dass er kaum angreifbar wird, dem sei daher dringend empfohlen, die Anwendung dieser Liste gemäß folgender Vorgehensweise gewissenhaft zu üben:

1. Denke dir eine dreistellige Zahl, z. B. 917.
2. Ordne den Zahlen die entsprechenden Wörter der Liste zu. In unserem Fall heißt das Wort: integrative Akquisitionsflexibilität.

Das »Rede-gescheit-Spreche-viel-Sage-nichts-Vokabular« lässt sich vielseitig einsetzen und wird dir verblüffende Erfolgserlebnisse bescheren:

Schaubild 5: Rede-gescheit-Spreche-viel-Sage-nichts-Liste

1	strategisch	Akquisitions-	Potenzial
2	operativ	Innovations-	Redundanz
3	vernetzt	Portfolio-	Diversifikation
4	synthetisch	Segmentierungs-	Effizienz
5	inkremental	Organisations-	Matrix
6	dynamisch	Synergie-	Algorithmus
7	kybernetisch	Optimierungs-	Flexibilität
8	funktional	Produktivitäts-	Management
9	integrativ	Investitions-	Konsolidierung
0	systemisch	Marketing-	Technologie

Investoren und Financiers beherrschen wie niemand anders die Kunst der nichts sagenden, alle ansprechenden, allesgescheiten Ausdrucksweise:

Schaubild 6: Rede-gescheit-Spreche-viel-Sage-nichts-Liste für Börsianer und solche, die es werden wollen

1	optional	Progressions-	Market
2	elastisch	Substanz-	Timing
3	spekulativ	Konvertierungs-	Limit
4	total	Risiko-	Klausel
5	volatil	Emissions-	Dividende
6	dynamisch	Valuta-	Rating
7	lombardfähig	Online-	Index
8	kumulativ	Trading-	Fonds
9	derivat	Call-	Zyklus
0	konvertibel	Partizipations-	Prämien

Wer sich verständlich und überzeugend ausdrücken will, vergleiche Vorgänge – so abstrakt und theoretisch diese auch sein mögen – mit anderen Lebewesen, mit anderen Gegenständen oder mit anderen Situationen. Der Reiche hat Geld *wie Heu*. Wer fleißig ist *wie eine Biene*, Kräfte hat *wie ein Ochse*, rackert *wie ein Pferd*, abends müde ist *wie ein Hund*, der sollte schleunigst zum Tierarzt gehen: Vielleicht ist *er ein Kamel*.

Klipp und klar fällt der Vergleich in der Wahlwerbung der Österreichischen Volkspartei gegen Bundesfinanzminister Hannes Androsch aus:»Jede Hausfrau kann *besser rechnen als* der Finanzminister.«

Christian Dior wirbt erfolgreich mit einem Vergleich, zugleich ein Versprechen:»Eine Haut *wie Samt und Seide*.« – Wenn es bergauf geht, ist der Opel Frontera Edition 2000 ein echter Bulle:»*Klettert wie der Dax*.«

Bud Spencer – zusammen mit Terence Hill ewiger Raufbold in unzähligen Filmen – ist im Alter von 70 Jahren noch hochaktiv. Das zeigt sein Vergleich:»Ich liebe das gute Essen. Und je älter man wird, umso mehr spürt man, dass *Essen wie Sex* ist, ein körperliches Lustgefühl, das mitunter zu einer Art Orgasmus führt.«

Medienmogul und Fernsehzar *Leo Kirch* regiert sein Imperium mit dem schlichten Strickjackencharme eines Patriarchen: familiär, väterlich, Furcht einflößend. Leo Kirchs Gesicht, dessen zusammengekniffene Augen und hohe Wangenknochen, ähnelt dem deutschen *Dschingis Khan*.

Wer ein echter Italiener ist, lobpreist den wahren Kaffee mit starken Vergleichen: Vorzüglicher Kaffee in Italien sei *heiß wie das Feuer*, *süß wie die Liebe* und *schwarz wie die Versuchung in der Nacht*.

Big Brother und Love Parade – irgendwie geil

»Erfolg« und »Spaß« sind die entscheidenden Faktoren der modernen Sinn- und Erlebnisstiftung. Wer heute von »Systemveränderung« spricht, meint Computersoftware und keine politische Utopie, wie es bei den 68er-Altvorderen noch der Fall war. Ob »Big Brother« oder »Love Parade«, immer schriller und öffentlicher gebärdet sich die Spaßgesellschaft – bis hin zur Sexualisierung der öffentlichen Sphäre. In der Gemeinschafts-Sexklinik des deutschen Fernsehens freilich – so der »Spiegel« – »rammelt und pimpert es unentwegt, wird gepeitscht, getackert und genagelt, massiert und rasiert, gepudert und abgespritzt. War einst alles ›irgendwie politisch‹, so ist hier alles irgendwie geil.« Da wirkt der TV-Beitrag über den hippigen Schamhaarfriseur schon wie *Kaffee Hag* fürs Publikum. Auch der »Gang Bang«, massenhafter öffentlicher Geschlechtsverkehr mit einem Pornosternchen (die Männer müssen brav in der Schlange stehen, bis sie dran sind), nimmt sich längst aus wie *Nesquick* für geübte Fern-Seher. Die Vergleiche mit Kaffee Hag und Nesquick zeigen sehr eindrücklich, wie abgebrüht TV-Produzenten und TV-Konsumenten sind. Jegliche Schamgrenze scheint gefallen.

Erfolgstipp Nr. 19:
Gehe dieses Verhältnis ein

Analogie bedeutet Entsprechung, Ähnlichkeit oder gar Gleichheit von Größen*verhältnissen* zwischen Menschen und/oder Gegenständen. Im Unterschied zum einfachen Vergleich stellen Analogien Vergleiche zwischen Größenverhältnissen dar.

Lust auf ein Verhältnis, wohlverstanden ein etwas anderes – rhetorisches – Verhältnis? Ich empfehle dir: Wage es. Gehe ein Verhältnis mit Analogien ein. Denn Analogien gehören zu den geistreichen und herzerfrischenden Tricks. Nur vor einem muss ich dich warnen: Wer sich von Analogien verführen lässt, den lassen sie kaum mehr los.

Analogien – gelungene Müsterchen gefällig?

Heiner Geißler, seines Zeichens beileibe nicht päpstlicher als der Papst, bringt sein Verhältnis zum »Spiegel« mit einer Analogie zum Ausdruck:»Wenn der *Spiegel* ein *Nachrichtenmagazin* ist, dann ist der *Playboy* ein *Mitteilungsblatt des Heiligen Stuhls.*«

Erfolgreiche Schriftsteller wie Mark Twain setzen ebenfalls auf eine Analogie:»Der Unterschied zwischen dem *richtigen Wort* und dem *beinah richtigen Wort* ist der gleiche wie der zwischen dem *Blitz* und dem *Glühwürmchen.*«

Johannes Rau, deutscher Bundespräsident, sprach bei einem Staatsbesuch in der Schweiz ein großes Wort:»Mit der *französischen Sprache* ist es wie mit meiner *Frau*: Ich *liebe* sie, aber ich *beherrsche* sie nicht.« Sehr charmant, diese Analogie, Herr Bundespräsident!

Analogien veranschaulichen auch schwierige Sachverhalte, wie Eveline Hasler im Roman »Die Wachsflügelfrau« mit den Entsprechungen Vater-Kopf bzw. Mutter-Leib in sehr gelungener Art und Weise darlegt. Emily Kempin-Spyri hieß die erste Juristin im deutschsprachigen Raum. Die Beschaffenheit der Frau – so verkündete ihr der Vater – sei ganz auf Empfangen und Gebären ausgerichtet, eigne sich also mitnichten für den öffentlichen Dienst. Die junge Emily dachte in einer Analogie:»Meine *Mutter* hat mich aus ihrem *Leib* entlassen, (…) aber der *Vater* hat mich noch nicht aus seinem *Kopf* geboren.«

Der alte und zugleich neue »Porsche 911 Turbo« ist seit über 30 Jahren mit einem kaum veränderten Chassis ausgerüstet. Die italienische Fachzeitschrift »Auto oggi« veranschaulicht:»E come se mio nonno facesse i 100 metri in 10 secondi.« (»Das wäre, wie wenn mein Großvater die 100 Meter in 10 Sekunden zurücklegen würde.«)

Erfolgstipp Nr. 20:
Emotio schlägt Ratio 1:0

Im aufschlussreichen »Asch«-Experiment werden sieben Studenten in einen Unterrichtsraum geführt. Die Aufgabe der Versuchspersonen besteht einzig darin, Striche gleicher Länge herauszufinden. Auf der linken Seite einer weißen Tafel befindet sich ein einziger Strich, die Standardlinie (X). Rechts sind drei verschieden lange Striche zu sehen, die so genannten Vergleichslinien (A, B, C). Nur einer dieser Striche (A, B, C) ist genauso lang wie der Standardstrich (X):

Schaubild 7: Aschs Aufgabe mit den Vergleichslinien

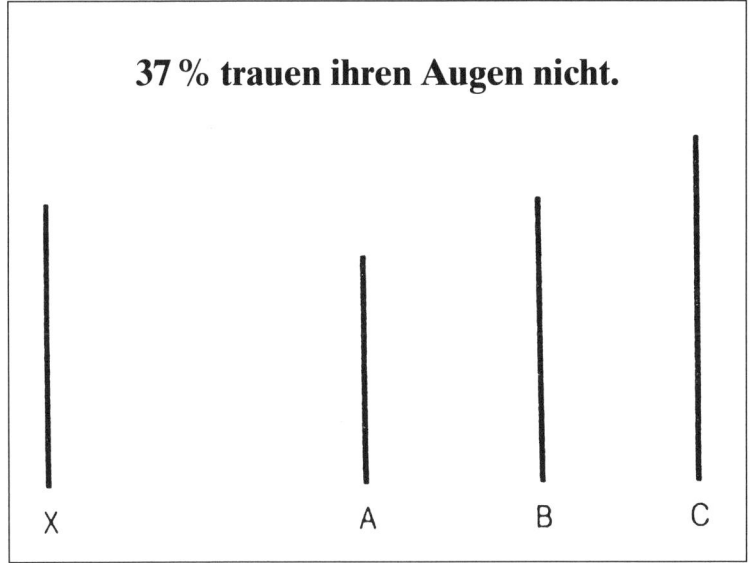

37 % trauen ihren Augen nicht.

Die Versuchspersonen sollen angeben, welche der drei Vergleichslinien (A, B, C) gleich lang ist wie die Standardlinie (X).

Wenn du die Studenten einzeln fragst, welche der drei Vergleichslinien genauso lang wie die Standardlinie ist, wirst du nur sehr wenige Schätzfehler ausmachen.

Was geschieht nun, wenn sich jemand in einer Gruppe von sechs anderen Studenten wieder findet, die angewiesen werden, ihre Schätzungen ebenfalls laut vorzunehmen? Eigentlich sollte das keinen Unterschied machen. Ganz anders im Asch-Experiment: Sechs Versuchspersonen sind Verbündete des Versuchsleiters. Allerdings weiß die »naive« siebte Versuchsperson davon rein gar nichts. Mit anderen Worten: Mit Ausnahme der naiven Versuchsperson bestand die Gruppe aus eingeweihten Strohmännern (»stooges«).

Sechs Strohmänner gegen eine Versuchsperson

Die sechs eingeweihten Versuchspersonen geben bei vorher abgesprochenen und eingeübten Schätzungen einstimmig falsche Antworten. So sagen sie, dass Strich A die gleiche Länge wie die Standardlinie X aufweise. Die unglückliche Versuchsperson befindet sich nun plötzlich und unerklärlicherweise im Widerspruch zur gesamten Gruppe, und zwar nicht nur einmal, sondern mehrere Male im Verlaufe des Versuchs. Wahrscheinlich zum ersten Mal in ihrem Leben sieht sich die Versuchsperson einer Situation gegenübergestellt, in der das Verhalten der gesamten Gruppe in klarem Gegensatz zur Beweiskraft der eigenen Sinnesorgane steht.

Nur nicht neben den Schuhen stehen

Die Versuchsperson findet sich im Spannungsfeld zwischen Ratio und Emotio wieder. Die Versuchsperson sieht sich dem Dilemma gegenübergestellt, entweder mit der Mehrheit nicht übereinzustimmen und das zu sagen, was sie auf sich gestellt geäußert hätte, oder ihr eigenes – rational richtiges – Urteil anzuzweifeln und der Gruppe zuzustimmen: 37 % der Urteile der naiven Versuchspersonen stimmen mit den (objektiv falschen) Schätzungen der einstimmigen Mehrheit überein! Es mag überraschen, dass Univer-

sitätsstudenten mit normaler Sehfähigkeit angeben können, dass
ein 20 Zentimeter langer Strich 24 Zentimeter lang sei, nur weil
sechs andere Studenten dies behaupten. Die Versuchspersonen
trauen der eigenen Ratio nicht. Die Emotio – in Form von Konformitätsdruck und Isolationsangst – obsiegt.

Zwischen Isolationsangst und Konformitätsdruck

Der Mensch als Gemeinschaftswesen beobachtet die Umwelt
bezüglich der öffentlichen und der veröffentlichten Meinung:
Welche ist die vorherrschende Meinung – zum Beispiel: Welche
Firmen verfügen über die besten Zukunftsaussichten? Welche Aktien besitzen das größte Potenzial?

Besteht Übereinstimmung zwischen der eigenen und der öffentlich wahrgenommenen Mehrheitsmeinung, kann die eigene Meinung öffentlich geäußert werden, ohne Gefahr zu laufen, plötzlich
neben den Schuhen zu stehen.

Menschen schweigen sich in die Bedeutungslosigkeit

Bei einem Auseinanderklaffen zwischen der eigenen Meinung und
der öffentlich dargebotenen Mehrheitsmeinung ziehen es misser-
folgsorientierte Menschen vor zu schweigen, was eine so genannte
»Schweigespirale« in Gang setzen kann: Die vermeintliche Min-
derheitsgruppe nimmt sich als Minderheit wahr, beginnt aus Isolationsangst zu schweigen, wodurch ihre Meinung öffentlich nicht
mehr geäußert wird, was als Bestätigung der Minderheit aufgefasst
wird. Die Schweigespirale beginnt sich zu drehen: Die Minderheit
schweigt sich in die Bedeutungslosigkeit, in den Misserfolg.

CDU/CSU schweigt sich in die Bedeutungslosigkeit

Elisabeth Noelle-Neumann bescheinigt dem Fernsehen, 1976
beim Sieg der SPD/FDP erstmals wahlentscheidend gewesen zu

sein: Die TV-Berichterstattung vor den Wahlen verzerrte die Wirklichkeit zugunsten der SPD/FDP. Dieses vorherrschende »linke« Meinungsklima am Fernsehen hat nach demoskopischen Daten des Allensbacher-Instituts vor allem bei den TV-Vielsehern, die ursprünglich eher mit der CDU/CSU sympathisierten, dazu geführt, dass diese ihre politische Haltung nicht mehr öffentlich geäußert haben. Die viel fernsehenden CDU-/CSU-Mitglieder schwiegen sich aus. Sie hatten Isolationsangst – Angst, mit ihrer Meinung für die CDU/CSU plötzlich neben den Schuhen zu stehen. Mit der wahlentscheidenden Bedeutung der Schweigespirale erhoben die Parteien das Fernsehen zum bevorzugten Selbstdarstellungsmittel.

»Migros«-Kunden schweigen sich in die Bedeutungslosigkeit

Im stark umkämpften Schweizer Einzelhandelsgeschäft lässt sich die Migros von Coop derzeit die Butter vom Brot nehmen. Coop – einst ein maroder Laden – reitet auf einer Erfolgswelle. Migros wirkt gelähmt. Die öffentliche Meinung – und die in Medien veröffentlichte Meinung – verleiht Coop den Nimbus des Erfolgreichen. Das vorherrschende Klima hinterlässt Spuren: Selbst eingefleischte Migros-Kunden äußern ihre Haltung nicht mehr öffentlich. Mehr und mehr schweigen sich Migros-Stammkunden aus. Migros-Stammkunden spüren Isolationsangst – Angst, mit ihrer Meinung für die Migros plötzlich neben den Schuhen zu stehen: »Was, bei der Migros kaufst du ein? Das gibt's doch gar nicht mehr.« Zugleich spüren die Migros-Kunden den Konformitätsdruck. Alle kaufen bei Coop ein. Coop ist in. Coop ist sexy. Coop ist in aller Leute Munde. Da wollen Migros-Kunden keinesfalls abseits stehen. Die Schweigespirale dreht sich kraftvoll – angetrieben von der Isolationsangst und vom Konformitätsdruck. Migros-Kunden schweigen, verlieren kein Sterbenswörtchen über die einst geliebte Migros mehr. Im Gegenteil: Migros-Kunden stimmen mit den Schuhen ab – und kaufen mit der Mehrheit künftig bei Coop ein. Und schon haben sich Migros-Kunden endgültig in die Minderheit geschwiegen.

Erfolgreiche kennen die »Schweigespirale« als Mechanismus, Erfolg über öffentliche und veröffentlichte Meinungen herbeizuführen. Lass deshalb keine Möglichkeit aus, dein Unternehmen öffentlich ins beste Licht zu rücken. Dabei sei dir bewusst: Die Medien haben nicht auf dich gewartet; sie können es ganz gut auch ohne dich. Mit den 66 Erfolgstricks und -tipps spielst du dich und dein Unternehmen erfolgreicher in die Medien – messbar anhand von hervorragenden Clippings (Veröffentlichungsquoten deiner Botschaften in den Medien). Wenn sich die Medien mit dir beschäftigen, dann nicht deines Kopfes wegen, sondern weil sie glauben, dass du eine interessante Geschichte für Leser, Hörer und Zuschauer abgibst. Ob wir nun wollen oder nicht, Medien sind immer imstande, sich Antworten auf ihre Fragen zu beschaffen. Ob du nun mitmachst oder nicht, ist für sie einerlei. Aber selbst wenn du mitmachst und Antworten lieferst, du wirst nie die einzige Quelle für Informationen sein. Stets werden die Medien auch andere Köpfe, andere Unternehmen, andere Organisationen anhören. Dabei ist es nicht so wichtig, welche Botschaften du für die Medien bereithältst; entscheidend ist, welche Fragen die Medien stellen – und vor allem, wie spracherfolgreich du die Fragen beantwortest. Dazu dienen die 66 Tipps.

Kleine Schwächen machen Menschen sympathisch. Das gilt auch für Aktionäre. Doch bei ihnen können selbst kleine Schwächen zu großen finanziellen Verlusten führen. Und siehe da: Wissenschaftler aus den USA berichten, dass auch Anlage- und Börsenprofis ständig dieselben (allzu menschlichen) Fehler machen: Verlustaktien werden zu lange gehalten, während Gewinn zu früh realisiert wird. Es ist paradox, dass Anleger risikofreudig sind, wenn sie Verluste erleiden, und risikoscheu, wenn sie Gewinne erzielen.

Augen zu und durch

Der Grund für das zu lange Halten von Verlustaktien: Aktionäre gestehen ungern ihre Fehler ein. Das macht sie risikofreudig, um nicht zu sagen: leichtsinnig. Selbst bei massiven Verlusten werden Aktien im Depot gehalten nach dem Motto: Augen zu und durch. Und jetzt der Hammer: Das Festhalten an Verlustaktien geschieht umso eher, je stärker Gelingen und Misslingen von der *Öffentlichkeit* beobachtet werden. Wer in die Verlustzone gelaufen ist und weiß, dass andere davon wissen, tut sich schwer, ja sehr schwer, den Misserfolg einzugestehen und sich von den Verlustaktien zu trennen. Und schon beginnt der Ritt ins Verderben. – Moral der Geschichte: Wenn du einen Aktionär in der Verlustzone ins Verderben stürzen willst, spiel mit der Öffentlichkeit: Sei für das richtige Wort zum richtigen Zeitpunkt bei den richtigen Beobachtern in der Öffentlichkeit besorgt. Es reicht, wenn einige wenige den Verlust beäugen.

Gewinn macht risikoscheu

Bei Gewinnen verhalten sich Menschen jedoch sehr risikoscheu. Sie realisieren Gewinne zu früh. Sie mögen nicht zuwarten – besonders dann, wenn eine *Öffentlichkeit* vom Gewinn Kenntnis hat. Wenn Börsianer Gewinne erzielen können und wissen, dass andere davon wissen, schreiten sie in der Regel zu früh zur Tat – und verkaufen ihre Erfolgstitel kurzerhand unter dem Motto: Besser jetzt (ein bisschen) erfolgreich als später erfolglos. Selbst die Aussicht, durch ansteigende Kursgewinne später noch erfolgreicher zu sein, macht sie risikoscheu. – Moral der Geschichte: Wenn du einen Aktionär in der Gewinnzone zum vorzeitigen Verkaufen verführen willst, spiel mit der Öffentlichkeit: Sei für das richtige Wort zum richtigen Zeitpunkt besorgt. Es reicht, wenn einige wenige den Gewinn beäugen. Schon verkauft der Anleger – dir vielleicht.

Was öffentlich ist, macht heiß

Ähnlich geht es auch manchem Unternehmer. Stell dir vor, ein Jungunternehmer hat in ein Projekt eine Million Mark investiert und muss nach einem Jahr feststellen, dass dieses Unterfangen nicht die erwarteten Früchte trägt. Bei einem vorzeitigen Abbruch würde also ein Verlust entstehen. Deswegen bestellt er einen externen Berater, der (gegen ein saftiges Honorar) zu dem Ergebnis kommt, es sei noch nicht alles verloren, die Lage nicht hoffnungslos, wenn man nur bereit sei, noch einmal 500.000 DM in das Projekt zu stecken. Die meisten Menschen würden diesem Rat Folge leisten, gar nicht einmal in der Hoffnung, doch noch einen Gewinn zu erzielen, sondern nur, um mit dem viel zitierten »blauen Auge« davonzukommen, das heißt die Anfangsverluste wieder auszugleichen. Sinnvoller wäre es möglicherweise, das Projekt abzubrechen und Zeit und Geld in ein neues Gewinn bringendes Vorhaben zu stecken. Das Spiel mit der Öffentlichkeit ist ein Spiel mit dem Feuer: Wenn eine *Öffentlichkeit* – Kunden, Konkurrenten, Kollegen und andere kommen infrage – das Scheitern des Vorhabens beobachtet, hält der Jungunternehmer unverhältnismäßig lange am erfolglosen Projekt fest, auch dann, wenn sich dessen Misslingen schon frühzeitig abzeichnet.

Erfolgstipp Nr. 22:
Male Bilder – mit Worten

Eine Metapher besteht in der bildhaften Übertragung eines sprachlichen Ausdrucks. Du stellst also bestimmte Personen oder bestimmte Sachverhalte bildlich dar. Wähle stets gefällige Bilder. Das Bild muss nicht dem Sender, sondern dem Empfänger gefallen. Oder dieselbe Botschaft ausgeschmückt in einem Sprachbild: Der *Köder* muss dem *Fisch* schmecken, nicht dem *Angler*. – »Risiko ist die *Bugwelle* des Erfolges«, klärt die Bayerische Landesbank ihre Kunden auf. – Liebe übersetzt Petrarca kunstvoll in seine meisterhaft anmutende Bildersprache:»Das Herz erhellt als *Fackel* den Weg der Geliebten, deren *Sternenaugen* die Welt erleuchten.«

Unternehmensberatung erfolgreich ins Bild gesetzt

Wer erkennen will, was misserfolgsgeplagte Wirtschaftskapitäne tun und lassen, führe sich die Metapher vom Wettrudern zu Gemüte. Dazu beachte die hervorragende Bildsprache:»Vor einiger Zeit verabredete eine Schweizer Firma, ein jährliches Wettrudern gegen eine japanische Firma durchzuführen, das mit einem Achter auf dem Vierwaldstättersee zu Luzern ausgetragen werden sollte. Beide Mannschaften trainierten lange und hart, um ihre höchsten Leistungsstufen zu erreichen. Als der große Tag kam, waren beide Mannschaften topfit, doch die Japaner gewannen das Rennen mit einem Kilometer Vorsprung. Nach dieser Niederlage war das Schweizer Team sehr betroffen und die Moral auf dem Tiefpunkt angelangt. Das obere Management entschied, dass der Grund für diese Niederlage unbedingt herausgefunden werden müsse. Ein Projektteam wurde eingesetzt, um das Problem zu untersuchen und geeignete Abhilfemaßnahmen zu empfehlen. Nach langen Untersuchungen fand man heraus, dass bei den Japanern sieben Leute ruderten und ein Mann steuerte, während im Schweizer Team ein Mann ruderte und sieben steuerten! Das oberste Management engagierte sofort eine renommierte Beraterfirma, die eine Studie über die Struktur des Schweizer Teams anfertigen sollte. Nach einigen Monaten und beträchtlichen Kosten kamen die Berater zum Schluss, dass zu viele Leute steuerten und zu wenige ruderten. Um einer weiteren Niederlage vorzubeugen, wurde die Teamstruktur geändert. Es gab jetzt vier Steuerleute, zwei Obersteuerleute, einen Steuerdirektor und einen Ruderer. Außerdem wurde für den Ruderer ein Leistungsbewertungssystem eingeführt, um ihm mehr Ansporn zu geben. ›Wir müssen seinen Aufgabenbereich erweitern, um ihm mehr Verantwortung zu geben.‹ Im nächsten Jahr gewannen die Japaner mit einem Vorsprung von zwei Kilometern. Das Management entließ den Ruderer wegen schlechter Leistung, verkaufte die Ruder und stoppte alle Investitionen für ein neues Boot. Der Beraterfirma wurde ein Lob ausgesprochen und das eingesparte Geld dem oberen Management ausbezahlt.«

Selbstverständlich wäre jede Ähnlichkeit dieser Geschichte mit Vorgängen in deinem Unternehmen oder in deiner Verwaltung unbeabsichtigt und rein zufällig … Kein Zweifel: Eine treffende Bildersprache erzeugt eine starke Wirkung. Wer Gedanken von Menschen erfolgreich in Bilder umsetzen kann, schart die Menschen zuhauf um sich. Bereits gibt es einen neuen Beruf in innovativen Firmen: Der »Imagination Officer« tut nichts anderes, als Vorstellungen der Kunden bildlich zu steuern in der Absicht, die Kunden für die firmeneigenen Produkte und Dienstleistungen zu gewinnen. So gesehen entpuppt sich der Kampf um Kunden als Wettbewerb der besten Bilder. Die Metapher ist wohl eines der wirksamsten Mittel, um Kunden zu binden und zu finden. Menschen denken, fühlen, lieben, sprechen, schreiben, verhandeln in Bildern: Ein Bild sagt mehr als tausend Worte!

Erfolgstipp Nr. 23:
Erzähle kurz, treffend, witzig

Zwar überschneidet sich die Erzählung oft mit den übrigen epischen Gattungen der Literatur. Dabei ist eines gewiss: Die Erzählung ist kürzer und weniger verdichtet in Handlung und Idee als der Roman. Einen Roman musst du hier nicht schreiben. Darüber dürftest du kaum unglücklich sein.

Zum Glück gibt's die kurzen, treffenden und oft witzigen Erzählungen zur Charakterisierung von wirklichen und erfundenen Ereignissen. Eine Erzählung in Form einer Anekdote wartet mit einer überraschenden Pointe auf. In dieser Pointe steckt ein Körnchen Lebenswahrheit. Ein erzählter Aphorismus entspricht nie voll und ganz der Wahrheit, entweder enthält dieser eine halbe Wahrheit oder aber die erzählte Wahrheit ist halb.

Vertrauen ist gut, Kontrolle ist besser

Die *Botschaft*: Vertrauen ist gut, Kontrolle ist besser. Erfolgversprechender wirkt eine packende *Erzählung*, um diese Wahrheit unter die Leute zu bringen: Der große Henry Ford traute den Banken nie so richtig über den Weg. In seiner Hausbank ging er eines Tages an einen Schalter und hob 150.000 Dollar ab. Er zählte sie in aller Ruhe nach, ging an einen anderen Schalter und zahlte sie wieder ein. Gefragt, was er denn damit bezwecke, antwortete er, er habe nur sehen wollen, ob alles seine Richtigkeit habe.

Geldgewinn verleitet zum Leichtsinn

Die *Botschaft*: Glück in Form von Geldgewinn verleitet zum Leichtsinn. Diese Botschaft wirkt – von Heinrich Bausinger in eine lebendige *Erzählung* verpackt – ungemein eindringlicher:

»Ein bettelarmer Algerier namens Mustafa hatte sich in Paris ein Lotterielos gekauft, auf das er seine letzte Hoffnung setzte. Er ließ sich die Ziehungsliste von einem Schriftgelehrten vorlesen, da er weder lesen noch schreiben konnte, und wurde vor Freude halb wahnsinnig, als sich herausstellte, dass er eine halbe Million gewonnen hat. Ein Kaufmann lieh ihm Geld, damit er sich einen anständigen Anzug kaufen konnte. Um zu zeigen, dass es nun mit der Armut zu Ende sei, zündete er seine alten Lumpen an und vollführte um dieses Feuer einen Freudentanz. Erst als die Lumpen verbrannt waren, fiel ihm ein, dass er das Lotterielos in der Tasche seiner alten Hose gelassen hatte. Nun weiß er nicht, wovon er den neuen Anzug bezahlen soll.«

Erzählungen wirken packend, lebendig, eindringlich. Dadurch steigt die Chance, die Botschaft erfolgreich rüberzubringen. Nichts macht jedoch das Publikum schläfriger als eine langatmige und langfädige Erzählung, die nie und nimmer enden will. (»Weißt du noch, vor 25 Jahren, damals als ...«) Deshalb sei dir geraten:»Tritt fest auf! Mach's Maul auf! Hör bald auf!« Diese scharfe Warnung aus Martin Luthers Munde, übrigens in Form einer »Epipher« (Erfolgstipp Nr. 5, Seite 31), nehme dir zu Herzen.

Erfolgstipp Nr. 24:
Veranschauliche im Format 1:1

Nichts wirkt erfolgversprechender und einleuchtender als die echte Vorführung eines Gegenstandes oder die echte Vorstellung einer Person. Veranschaulichung vermittelt selbst Details, wenn immer möglich im Format 1:1. Die Veranschaulichung lässt die Wirklichkeit so krude, ungeschminkt und unmittelbar wie möglich auf den Empfänger einwirken.

Wie erkennst du echte Wirtschaftskriminelle?

Christoph Müller, Dozent für Wirtschaftskriminalistik an der Universität St. Gallen, spricht über »Korruption und unternehmerische Ethik«. Wie nur erkennst du Wirtschaftskriminelle? Es seien umgängliche, gesellschaftlich angepasste Leute, definiert Professor Müller das Profil. Um dies zu verdeutlichen, fordert er die Gäste auf: »*Schauen Sie bloß Ihren Nachbarn an.*« Unter den Gästen, die erst leicht verdutzt, dann schmunzelnd um sich schauten: Führungskräfte aus der Wirtschaft.

Wie erhöht ein Abt die Opferbereitschaft für sein Kloster?

Wie erhöht ein Abt die Opferbereitschaft der Pilgerschar, um sein Kloster renovieren zu können? Für den Unterhalt und Betrieb eines jeden Klosters ist Geld unabdingbar. Das Renovieren der kunstvollen Bauten verursacht hohe Kosten. Gesetzt der Fall, du bist Abt, stehst also einem Kloster vor. Was machst du, um die Opferbereitschaft der Pilgerschar zu erhöhen? Was unternimmst du, um der Pilgerschar mehr milde Gaben zu entlocken? Womit *veranschaulichst* du den Bedarf an Geld für die Renovierung des Klosters, um den Zufluss an Spendengeldern zu erhöhen? Tue, was erfolgreiche Klöster tun: Vor dem Kloster lässt du einen Baukran aufstellen, in der Klosterkirche ein Gerüst errichten. Kran und Gerüst veranschaulichen glaubwürdig, dass das Kloster Geld braucht und einsetzt, um die kunstvollen Bauten zu erhalten.

Mit Sprache Wirklichkeit erzeugen

Was lange währt, wird endlich Wut:»Stellen Sie sich vor, Sie sitzen zu Hause und sehen fern und es kommt Werbung und Sie schalten um und es kommt Werbung und Sie schalten um und es kommt Werbung und Sie schalten um und es kommt schon wieder Werbung und Sie schalten um und da kommt auch Werbung. *Nein, stellen Sie sich das besser nicht vor:* Premiere World. Your Personal TV.« Die unendliche Nervenprobe der zappenden Kanalsurfer kann gar nicht realistischer veranschaulicht werden. Kompliment, sprachlich hervorragend gelöst.

Erfrischend echt

Das erste Parfüm von Chanel, das berühmte»Chanel No. 5«, kam 1920 auf den Markt. Der Klassiker wurde in den 50er-Jahren noch berühmter, als Marilyn Monroe auf die Frage eines Reporters, was sie nachts trage, erfrischend echt erwiderte:»Ein paar Tropfen ›Chanel No. 5‹.« Kein Pyjama, kein Baby Doll, einzig ein paar Tropfen!

Erfolgstipp Nr. 25:
Messe alle(s) an Zahl und Ziffer

Unsere Zeit ist reich an Zahlen und Ziffern. Schon der Glaubwürdigkeit wegen sollen Aussagen – wenn immer sinnvoll und möglich – messbar sein. Die Messbarkeit von Aussagen erhöht außerdem die Verständlichkeit.

Manager entscheiden, entscheiden, entscheiden. Percy Barnevik, ABB-Manager, liebt kein Wischiwaschi. Er legt seine Trefferquote unumwunden auf den Tisch:»Wenn ich *zehn* Entscheidungen schnell fällen muss, sind *drei* falsch. Aber auf die *sieben* richtigen kann ich nicht verzichten.«

Puls 180 – aufwärts im Zickzackkurs

Die Österreichischen Bundesbahnen ÖBB stellen die Hochleistungslokomotive Taurus vor:»Noch nie waren *10.000 PS* so formschön. Noch nie waren *86 Tonnen* so elegant. Noch nie waren *230 km/h* so graziös.«

»*300 Personenjahre* Erfahrung in einem wirklich innovativen Produkt. Sollen wir jetzt Chance noch buchstabieren?« Hyperware-Internetlösungen.

»*Puls 180*. Als Anfang April 2000 die Kurse der Hightechaktien aus dem Orbit wieder in die Erdatmosphäre eintauchten, liefen die Telefone in der Redaktion heiß.« Klaus Meitinger, Finanzen-Chefredakteur.

Die Geschäftsbank WestLB entwickelt individuelle Lösungen für komplexe Finanzfragen:»*360°*-Betreuung für Ihren Erfolg. Aus einer Hand.«

M. M. Warburg Invest bündelt Rendite- und Wachstumsfonds in »Fonds[2]«.

Der »Van of the Year 2000«, er fährt wie ein PKW und lädt mit
7 m³ wie ein LKW, stammt von Iveco. Iveco lanciert den stattlichen
Laster mit der Formel »*agil*³«.

Beharre auf der Anwendung objektiv messbarer Kriterien. So
lässt sich auch die Innovationskraft eines Unternehmens messen
und vergleichen: »*30 %* des Jahresumsatzes wird bei 3M mit Pro-
dukten gemacht, die jünger sind als *vier* Jahre.«

Das Urlaubs- und Freizeitland Österreich beeindruckt die jungen
Snowboarder übermäßig: »*XXX-Large* Leisure«.

American Express versichert: »Der Verlust oder Diebstahl von
Travellerschecks *kann an 365 Tagen im Jahr während 24 Stunden*
von jedem Telefonanschluss der Welt gemeldet werden.« Die aus-
drucksstarke Zahlenreihe »an 365 Tagen während 24 Stunden«
ersetzt die beliebigen Allerweltswörter »durchgehend« oder
»immer« in wirkungsvoller Art und Weise. Ebenso wirbt Uhren-
hersteller IWC für seine Chronografen: »*Seit 1868. Und solange es
noch Männer gibt.*«

Zahlenkalauer

Der spielerische Umgang mit Zahlen und Zahlenreihen dient der
Veranschaulichung eines Sachverhalts. So klärt Kalauerkönig
Peter Steiner auf: »Wenn *2* sich treffen und nicht *8* geben, dann wis-
sen sie in spätestens *5* Wochen, dass sie in *9* Monaten zu *3* sind.«

Madonna, Albertone Tomba!

Zusammenkünfte mit Alberto »Nationale« Tomba sind Weihe-
stunden. Tomba spielt Tomba. Tomba verkauft Tomba so, wie es
das Publikum will – sportlich als Entertainer und kommerziell als
Unternehmer. Erste Frage des Journalisten an Alberto Tomba:
»Madonna, Albertone, wie war das damals in den Nächten *vor* den
Olympischen Spielen in Lillehammer?« Erste Antwort Alberto

Tomba: »Ich kam um *fünf* nach Hause und hatte *drei* Frauen.«
Dio mio!

Zweite Frage des Journalisten: »Werden Sie diese Schlagzahl auch *während* der Wettkämpfe in Lillehammer halten?« Zweite Antwort Alberto Tomba – nota bene mit einem Zahlenspiel: »Nein, ich werde um *drei* nach Hause kommen und *fünf* Frauen gehabt haben.«

Top-Salär

Der Topverdiener im Sportgeschäft heißt Tiger Woods. Der Golfprofi strich 1999 inklusive Sponsoren- und Antrittsgeldern 134 Millionen DM ein. Was an Tiger Woods' Einkommen besonders verblüfft: Für den Jahreslohn von 134 Millionen DM stand der »Golftiger« lediglich 56 Turniertage im Einsatz. So verdiente Tiger Woods runde 2,4 Millionen DM – pro Spieltag versteht sich. Und mit jedem Ball, den er 1999 eingelocht hat (es waren an den 56 Spieltagen insgesamt 3895 Scores), flogen ihm 34.505,76 DM zu. Das Publikum schätzt lebensnahe Anknüpfungspunkte. Wir sind denn auch aufgefordert, besonders die kaum mehr fassbaren Zahlen und Ziffern herunterzubrechen und in zielgruppengerechte Vorstellungsbilder zu bringen.

Millionenparty

Einmal im Jahr feiert Mercedes-Benz die Millionenparty. Geladene Gäste sind Lastwagenchauffeure mit mindestens einer Million Kilometer auf dem Buckel. Postauto-Chauffeur Hansi Kohler aus Endingen (Kanton Aargau) ist einer der Kilometer-Millionäre. Der schelmische Chauffeur ist stolz auf seine Statistik: »In 21 Jahren bin ich eine Million Kilometer gefahren. Damit habe ich mit meinem Bus 21 Millionen Höhenmeter (= 2364-mal hinauf zum Mount Everest) zurückgelegt, davon allein beim Ein- und Aussteigen 105.000 Höhenmeter!« Doch damit nicht genug. Hansi Kohler erstaunt mit Zahlen, die sich rechnen: »Im Bus habe ich

68

42.000 Stunden gearbeitet, 5250 Liter Kaffee getrunken, 105.000 Zigaretten geraucht, 1.638.000-mal in den Verkehr ein- und ausgefädelt, 4.368.000-mal den Blinker betätigt, 204.750 Tonnen Menschen transportiert sowie 81.000 Fragen beantwortet.« Fürwahr darf sich Hansi Kohler zu den erfolgreichen Kilometer-Millionären zählen.

Rechne mit dem Erfolg

Zum Einmaleins der Rhetorik gehört – wie in Goethes Faust – die Rechenkunst:»Du musst versteh'n! Aus eins mach zehn, und zwei lass geh'n, und drei mach gleich, so bist du reich. Verlier die Vier! Aus fünf und sechs, so sagt die Hex, mach sieben und acht, so ist's vollbracht: Und neun ist eins, und zehn ist keins. Das ist das Hexeneinmaleins.« Ganz so verhext geht es an der Börse nicht zu und her. Und doch rechnet Börsenguru André Kostolany mit »2 + 2 = 5 – 1« vor, dass Börsenerfolg mit Umweg verknüpft sein kann.

Skandia fasst gar ihre Vision in eine mathematische Formel:»Intellectual Capital = Human Capital + Structural Capital«.

Das Gesetz der großen Zahl

Sammelt das Fernsehen oder das Radio Geld für einen guten Zweck, wird viel, sehr viel Zeit für die namentliche Nennung oder Einblendung von Spendern verwendet. Die Botschaft an alle, die noch zögern, ist klar:»Seht mal, wie viele Leute etwas gegeben haben: 50.000 Menschen haben bereits gespendet. Es muss einfach richtig sein, es zu tun.« Die endlosen Namenslisten verkünden nur eine Botschaft: 50.000 Herzen können nicht irren. – Das Gesetz der großen Zahl kennt auch Reemtsma:»Reemtsma ist das *schnellstwachsende* Zigarettenunternehmen der Welt.« Richtig also ist, Reemtsma-Zigaretten und Reemtsma-Aktien zu kaufen.

Run auf alles, was boomt

Wer verkauft, versucht oft schon gar nicht mehr, den Kunden von den Vorzügen des Produkts zu überzeugen – allzu austauschbar sind heute die Produkte selbst zwischen Konkurrenzfirmen. Verkäufer teilen uns einfach mit, dass es das »meistverkaufte« oder das Produkt »mit den höchsten Zuwachsraten« sei. Erfolgreiche Verkäufer weisen auf die zahlreichen Leute hin, die das Produkt bereits erstanden haben. Dass viele andere davon überzeugt sind, scheint Beweis genug zu sein. Das weiß auch die Internetfirma GMX, die mit »e-mail für alle« den Markt durchdringen will: *»Alle fünf Sekunden wird ein Mensch GMX-Mitglied.«*

Nachahmen, was viele tun – ein beliebter Volkssport

Gesetzt den Fall, du schlenderst in einer Stadt durch eine Hauptstraße. Unvermittelt siehst du jemanden zu einem Fenster des gegenüberliegenden Gebäudes hinaufstarren. Hand aufs Herz: Siehst du auch hinauf? Das Ergebnis: Je mehr (vorgeschobene) Neugierige beieinander stehen und zum Fenster des Gebäudes auf der gegenüberliegenden Straßenseite hinaufsehen, desto mehr Fußgänger ahmen das »Hinaufstarren« nach.

Entscheidend ist die Anzahl der neugierigen »Vorbilder«: Bleibt ein einzelner Mensch stehen und starrt zu einem Fenster auf der anderen Straßenseite hinauf, so schauen 40 % der Passanten hoch, jedoch nur 4 % bleiben auch stehen, um mit hinaufzuschauen. Falls jedoch etwa 15 neugierige Personen dorthin starren, dann schauen 80 % der Passanten ebenfalls zum Fenster hoch, und 40 % der Passanten bleiben gar stehen, um zu sehen, was dort vor sich geht. Das Gesetz der großen Zahl schlägt voll durch: Je mehr Vorbilder hinaufstarren, desto mehr Nachahmer bleiben stehen. Hinaufstarren lässt sich leicht auf das Geschäftsleben übertragen: Anzahl Kunden in einem Verkaufsstützpunkt, Anzahl Besucher in einem Messestand usw.

Klammeraffen

Wer kennt sie nicht, die Klammeraffen? Das sind Leute, die dich über Gebühr beanspruchen und dir so die Zeit stehlen. Bei den Klammeraffen nützt es oft wenig, wenn du sie mahnst:»Fasse dich kurz.« Klammeraffen nehmen sich alle Zeit der Welt. Klammert dich ein nächstes Mal ein Affe (stiehlt dir also jemand die Zeit), versuche es mit einem Zahlenspiel:»Das ›Vaterunser‹ zählt *61* Wörter. Bete ich das ›Vaterunser‹ andächtig, so dauert es *30* Sekunden. Ich gebe Ihnen *zwei* ›Vaterunser‹ Zeit. Sie haben *60* Sekunden.« Der Klammeraffe wird sich erstaunt am Kopf kratzen. Und wer weiß, vielleicht wirkt's.

Angesichts der pfiffigen Zahlenspiele soll noch einer kommen und behaupten, der Umgang mit Zahlen und Ziffern bereite keinen Spaß. Zahlen und Ziffern in Zahlenschlüssel gekleidet, gelten als hervorragende Verständlichmacher. Kurzum: Ein Zahlenspiel taugt mehr als tausend Worte zum Spracherfolg.

Erfolgstipp Nr. 26:
Dein Ziel sei Sieg – nicht Platz

Ranglisten und Platzierungen ermöglichen eine ebenso verständliche wie einprägsame Darstellung von Erfolgen und Misserfolgen. Unternehmen kommunizieren mit einem Ziel: Sieg und nicht Platz. Die Losung heißt:»The winner takes it all.«

Nur eines zählt: die Goldmedaille. Du kennst Agfa als Partner bei Foto. Zur Agfa gehört mehr:»Agfa ist Marktführer: weltweit *Nr. 1* bei industrieller Radiografie, weltweit *Nr. 1* bei Hochleistungs-Fotoprintern, weltweit *Nr. 1* in der Druckvorstufe.«

15 Millionen Anleger vertrauen auf Fidelity Investments:»*Join the world's N° 1.*«

»*Nr. 1*. Herzlichen Dank. Umfragesieger Kundenzufriedenheit: Ihre BfG-Bank.« Diese Unternehmen unternehmen was mit Gold: Gold glänzt, insbesondere bei Kunden.

Spaghetti-Test

Die Rezeptur ist erfolgversprechend: Man nehme vier (selbst ernannte) Experten. Diese kosten Spaghettis, geben ihr Urteil ab. Und schon steht die Spaghetti-Rangliste. Am besten schmeckt die Pasta von De Cecco vor Del Verde und Barilla. Weit abgeschlagen sind die Spaghettis von Alce Nero. Dieses Ergebnis stammt vom »Kassensturz«, einer Fernsehsendung in der Schweiz mit Konsumententipps. Solche Ranglisten lassen sich leicht aufstellen. Hier noch ein»Koch«-Tipp für»Rankingspiele«: Nimm Experten, welche (dir) zugeneigt sind.

Nehmen wir's sportlich, denn mit Ranglisten und Platzierungen, sie sind von Kindsbeinen an beliebt, wird ein regelrechter Volkssport betrieben. Warum? Geht's um Ranglisten, kann jeder mitreden, weiß in sonst verwirrenden Zeiten jeder, was zu machen ist, um ein paar Plätze nach vorn zu rücken.

Erfolgstipp Nr. 27:
So erklärst du Sieg oder Niederlage

Unerwartete Ergebnisse führen viel wahrscheinlicher zu Erklärungsversuchen als erwartete Ereignisse. Gastgeber Frankreich fegte am 10. Juli 1998 Brasilien im Finale der Fußball-Weltmeisterschaften mit 3:0 vom Platz. Sieger und Verlierer stellen sich Interviews zuhauf. Wie erklären die französischen Fußballer ihren Erfolg? Wie erklären die brasilianischen Kicker ihren Misserfolg?

Schaubild 8: Ursachenzuschreibung für Sieg und Niederlage

»Attribution«	»Internalisieren«: Ursachen auf die eigene Person zurückführen	»Externalisieren«: Ursachen auf äußere Umstände zurückführen
»stabil«: überdauernde Ursachen	Fähigkeit	Aufgabenschwierigkeit
»instabil«: wechselhafte Ursachen	Anstrengung	Glück

Die Zuschreibung von Ursachen bei Erfolg oder Misserfolg erfolgt – im Sport ebenso wie sonst im Leben – innerhalb der oben veranschaulichten vier Felder. Sieger schreiben den Erfolg in der Regel der Fähigkeit, der Aufgabenschwierigkeit und der Anstrengung zu. Verlierer versuchen die Gründe für die Niederlage eher instabil-external zu erklären: Das Glück hat die Verlierer im Stich gelassen, das Pech hat die Verlierer verfolgt. Diese Ursachenzuschreibung nennen Fachleute »Attribution«.

Vive la France – so erklärt Frankreich den Sieg

Die Franzosen internalisieren den Sieg: Zum einen spielte die französische Equipe fähiger als die brasilianische Elf – die Franzosen waren technisch überlegener (stabil-internalisierte Attribution). Zudem haben sich die Franzosen stärker angestrengt als die Brasilianer – Einsatzwille und Kampfesbereitschaft waren vorbildlich (instabil-internalisierte Attribution). Die beiden genannten Ursachenbündel führen die Franzosen auf die eigene überdauernde Fähigkeit der Spieler (Technik) und die eigene vorübergehende Anstrengung auf dem Spielfeld (Einsatz) zurück.

Sieger schreiben den Erfolg kaum je dem Glück (instabil-externalisierte Attribution) zu. Gelegentlich begründen Sieger den Erfolg immerhin mit der Schwierigkeit der Aufgaben. Brasilien war für Frankreich eine echte Nuss, die es zu knacken galt. Doch Frankreich wächst an schwierigen Aufgaben (stabil-externalisierte Attribution): Vive la (grande) France!

Schaubild 9: Welchen Ursachen schreibt Frankreich den Sieg zu?

Ursachenzuschreibung: »Attribution« des Sieges durch Frankreich	»Internalisieren«: Ursachen auf die eigene Person zurückführen	»Externalisieren«: Ursachen auf äußere Umstände zurückführen
»stabil«: überdauernde Ursachen	*Wir sind das fähigere Team. Wir verfügen über die bessere Technik und klügere Taktik.*	*Brasilien ist zwar ein starkes Team. Doch Frankreich wächst an schwierigen Aufgaben.*
»instabil«: wechselhafte Ursachen	*Wir haben uns mehr eingesetzt. Für unser Land haben wir uns angestrengt.*	Wir hatten Glück.

Kursiv = von Siegern bevorzugte Ursachenzuschreibung

Elf Pechvögel – so erklärt Brasilien die Niederlage

Die Brasilianer externalisieren die Niederlage: Die brasilianische Elf war ausgerechnet im WM-Finale vom Glück verlassen. Kurz vor und während des Finalspiels überfiel Topstürmer Ronaldo eine vorübergehende Übelkeit. So ein Pech! Dieses Pech versetzte die Brasilianer in einen Schockzustand. Und schon blieben Ronaldo & Co. während 90 Minuten eine stumpfe Waffe (instabil-externalisierte Attribution).

Dass die brasilianischen Profis die Franzosen im WM-Finale etwa gar unterschätzt haben sollten, wiesen sie vehement von sich.

Wer verliert, internalisiert nicht gerne, denn wer gibt schon gerne zu, dass eine Niederlage an niemandem sonst als an sich selbst gelegen hat? Um die Niederlage zu erklären, vermied Brasilien interne Ursachenbündel. Die brasilianischen Stars wollten nicht wahrhaben, dass sie technisch unterlegen waren, ja Frankreich »brasilianisch« spielte (stabil-internalisierte Attribution). Auch wiesen die erfolgverwöhnten Stars alle Ursachen zurück, die auf mangelnde Anstrengung, mangelnde Einsatzbereitschaft, mangelnden Kampfeswillen hindeuteten (instabil-internalisierte Attribution).

Schaubild 10: Welchen Ursachen schreibt Brasilien die Niederlage zu?

Ursachenzuschreibung: »Attribution« der Niederlage durch Brasilien	»Internalisieren«: Ursachen auf die eigene Person zurückführen	»Externalisieren«: Ursachen auf äußere Umstände zurückführen
»stabil«: überdauernde Ursachen	Wir sind in puncto Technik und Taktik der französischen Mannschaft unterlegen.	Wir haben Frankreich unterschätzt.
»instabil«: wechselhafte Ursachen	Wir haben uns weniger angestrengt.	*Wir hatten einmal Pech.*

Kursiv = von Verlierern bevorzugte Ursachenzuschreibung

Nicht nur in der Sportwelt wird internalisiert und externalisiert. Auch im Berufsleben geben Erfolge und Misserfolge tagtäglich zu Ursachenzuschreibungen Anlass:

Dumme Lehrer – gescheite Schüler?

Ein Beispiel dafür ist der Lehrer, der eine neue Klasse übernimmt. Wenn sich die Leistungen seiner neuen Schüler verbessern, wird er dies seiner besseren Lehrweise zuschreiben (internalisieren); wenn sich die Noten verschlechtern, wird er dies der Dummheit seiner Schüler oder der Unfähigkeit der früheren Lehrkraft zuschreiben (externalisieren).

Der erfolgreiche Schweizer Financier Martin Ebner von der BZ-Bank hat anlässlich der Lehrabschlussprüfungsfeier der Kaufmännischen Berufsschule Schwyz am 26. Juni 1998 die jungen Berufsleute publikumswirksam gewürdigt:»Was Sie an den Lehrabschlussprüfungen gewusst haben, das schreiben Sie sich selbst zu. Was Sie nicht gewusst haben, das schreiben Sie den Lehrkräften zu.« Der Erfolg wird internalisiert, der Misserfolg externalisiert.

Gute Vorgesetzte – schlechte Mitarbeiter?

Entwickeln sich neue Mitarbeiter vorteilhaft, wird der Vorgesetzte die Fortschritte sich selbst zuschreiben (internalisieren); werden die Leistungserwartungen nicht erfüllt, schreibt dies der Chef dem Unvermögen des ehemaligen Arbeitgebers oder der Dummheit des Mitarbeiters zu (externalisieren).

77

Gegensätze schaffen klare Verhältnisse: Sieg oder Niederlage, oben oder unten, entweder – oder. Die Sprache sei nicht »schwammig-schwammig« oder »sowohl als auch«, die Sprache sei pointiert, sei Klartext, sei Erfolg oder Misserfolg.

»Viele *lieben* unsere Produkte. Wir *quälen* sie.« In der World Rallye Championship prescht das Ford-Martini-Team mit Sachs-Kupplungen zum Ziel. Zuverlässigkeit und Leistungsfähigkeit sind gefragt. Kein Wunder, dass diese Produkte so beliebt sind – von der Formel 1 bis zum Truck Grand Prix.

Das Buch der Bücher – die Bibel – gilt weltweit als der Long- und Bestseller überhaupt. Warum dieser unaufhaltsame Erfolgszug der Bibel? Weil die Bibel, so mag ich behaupten, sehr geschickt auf der Klaviatur rhetorischer Figuren spielt. So reißt die Bibel immer wieder Gegensätze auf: Sein – Schein, Wort – Tat, Tag – Nacht, Himmel – Hölle, Freund – Feind, Licht – Schatten. Ja, die Bibel lebt von Gegensätzen. Gegensätze machen die Bibelinhalte erst stark – wie ein außerordentlich kraftvolles Zitat aus dem Bibelbuch der Prediger (3,1–8) belegt:

»3,1: Alles hat seine Stunde, und eine Zeit für jedes Vorhaben unter dem Himmel:
3,2: Eine Zeit fürs *Geborenwerden*, und eine Zeit fürs *Sterben*; eine Zeit fürs *Pflanzen*, und eine Zeit, das *Gepflanzte auszureißen*.
3,3: Eine Zeit, zu *töten*, und eine Zeit, zu *heilen*; eine Zeit, *einzureißen*, und eine Zeit, *aufzubauen*.
3,4: Eine Zeit, zu *weinen*, und eine Zeit, zu *lachen*; eine Zeit, zu *klagen* und eine Zeit, zu *tanzen*.
3,5: Eine Zeit, Steine zu *werfen*, und eine Zeit, Steine zu *sammeln*. Eine Zeit, zu *umarmen*, und eine Zeit, der Umarmung sich zu *enthalten*.

3,6: Eine Zeit, zu *suchen*, und eine Zeit, zu *verlieren*; eine Zeit, *aufzubewahren*, und eine Zeit, *wegzuwerfen*.

3,7: Eine Zeit, zu *zerreißen*, und eine Zeit, zu *nähen*; eine Zeit, zu *schweigen*, und eine Zeit, zu *reden*.

3,8: Eine Zeit, zu *lieben*, und eine Zeit, zu *hassen*; eine Zeit für den *Krieg*, und eine Zeit für den *Frieden*.«

Was der Bibel dient, nutzt auch die Wirtschaft spracherfolgreich. Kleenex preist das berühmte Trockentuch mit »*Weichheit* ist unsere *Stärke*.«

Johnnie Walker macht aus Whisky ein sprachmächtiges Gehen und Kommen:
»... der Tag *geht* ... Johnnie Walker *kommt*.«

Und Jockey unterstellt Männern, dass sie nicht nur an Wäsche denken: »Für Männer, die beim *Anziehen* auch ans *Ausziehen* denken.«

Bank Vontobel schafft zukunftsträchtige Renditen: »*Investieren* statt *spekulieren*.«

Renato Soru, moderner Julius Cäsar des europäischen E-Business, gibt für sein Unternehmen Tiscali Spa die eine Losung raus: »You either *expand* or you'll *die*.«

Erfolgstipp Nr. 29:
Führe den Aufprall herbei

Zwei gegensätzliche Wörter oder zwei gegensätzliche Ausdrücke prallen aufeinander: »alter Knabe«, »bittersüß«, »Eile mit Weile«, »Glück im Unglück«, »ungeträumter Traum«, »Ruhestand als Unruhestand«, »beredtes Schweigen«, »richtig falsch«.

Diese oft scharfsinnige, manchmal auch witzige Verbindung widerstreitender Begriffe (»contradictio in adiecto«) erheischt Aufmerksamkeit: Wie nur kann man in einer *Schule arbeiten*? Je stärker der Aufprall der gegensätzlichen Ausdrücke, desto eindringlicher und nachhaltiger die Wirkung der Botschaften. Der Aufprall von Gegensatzpaaren ist also erwünscht, um erfolgreicher zu kommunizieren.

Franziskaner Weißbier spricht den Bierliebhaber an: »*K.O.? O.K.!*«

Toyota spricht das Herz an, um den Kopf zu treffen: »*Unvernünftig vernünftig.*«

Auch Volvo bricht einen Gegensatz auf: »Das *Unerwartete erwartet* Sie.«

William Shakespeare in »Romeo und Julia« treibt den Aufprall von Gegensätzen auf die Spitze: Als Julia entdeckt, dass Romeo ihren Vetter Tybalt getötet hat, steigert sie sich in einen spannungsgeladenen Wortschwall widerstreitender Begriffe hinein. In Julias Augen ist Romeo in diesem Augenblick die Gegensätzlichkeit in Personalunion:

> »O Schlangenherz, von Blumen überdeckt!
> Wohnt' in so schöner Höhl' ein Drache je?
> *Holdsel'ger Wütrich! Engelreicher Unhold!*

Ergrimmte Taube! Lamm mit Wolfesgier!
Verworf'ne Art in göttlicher Gestalt!
Das rechte Gegenteil des, was mit Recht
Du scheinest: ein *verdammter Heiliger!*
Ein *ehrenwerter Schurke!* – O Natur!
Was hattest du zu schaffen in der Hölle,
Als du des holden Leibes Paradies
Zum Lustsitz einem Teufel übergabst?
War je ein Buch so arger Dinge voll,
So schön gebunden? Oh, dass Falschheit doch
Solch herrlichen Palast bewohnen kann!«

Erfolgstipp Nr. 30:
Verneine das Gegenteil

Wenn du auf dem Weg zu deinem Erfolg bestimmte Sachverhalte eher zurückhaltend und unverbindlich umschreiben oder mögliche heiße Punkte eher dämpfen, verniedlichen und abschwächen willst, dann eignet sich ein Trick hervorragend: Verneine ganz einfach das Gegenteil der ursprünglichen Aussage. Und schon wirkt die Aussage zurückhaltend, unverbindlich, gedämpft, verniedlicht und abgeschwächt.

Verneinung des Gegenteils der ursprünglichen Aussage. Das klingt nur kompliziert. In Tat und Wahrheit ist der Kniff ebenso einfach wie erfolgreich:

Schaubild 11: Verneinung des Gegenteils

Nr.	Ursprüngliche Aussage:	Verneine das Gegenteil und derselbe Sachverhalt klingt schon gedämpfter:
1	Der Verlust ist groß.	Der Verlust ist nicht gerade klein.
2	Er arbeitet langsam.	Er arbeitet nicht gerade schnell.
3	Darin bist du Experte.	Darin bist du nicht gerade ein Laie.
4	Das ist ihr misslungen.	Das ist ihr nicht eben gelungen.
5	Beer bekämpft Baumann.	Beer hat sich mit Baumann nicht eben befreundet.
6	Dieses Vorgehen ist beinahe am dümmsten.	Dieses Vorgehen ist nicht gerade das klügste.
7	Sie arbeitet sehr viel.	Sie arbeitet nicht gerade wenig.

Getrost darf der 60 Milliarden DM schwere Sultan von Brunei als »sehr reich« eingestuft werden. Derselbe Sachverhalt kann mit der Verneinung des Gegenteils verniedlicht werden: Der Sultan von Brunei ist »nicht gerade arm«.

Erfolgstipp Nr. 31:
Baue Gegensätze auf und sogleich ab

Mit dem Dreischritt »These – Antithese – Synthese« argumentierst du erfolgversprechend: Erstens baust du den einen Gegensatz auf (These). Zweitens baust du den zweiten Gegensatz auf (Antithese). Und dann führst du die Überwindung beider Gegensätze (Synthese) herbei.

Die Fluggesellschaft Continental baut einen Gegensatz zwischen Business (These) und First (Antithese) auf, um diesen elegant mit dem Sitzplatzangebot Business First (Synthese) aufzulösen:»Ihr Boss sagt *Business*. Ihr Rücken sagt *First*. Continental sagt *Business First*.« –»Ihre Bilanz sagt *Business*. Ihr Anspruch sagt *First*. Continental sagt *Business First*.«

Für VW-Kunden, die sich nicht zwischen Golf (These) und Passat (Antithese) entscheiden können, gibt es mit dem Vento (Synthese) einen Ausweg:»Falls Ihnen der *Golf* zu wenig Passat und der *Passat* zu wenig Golf ist: der *Vento*.«

Auch Audi stellt den neuen»allroad quattro« entlang einer These-Antithese-Synthese vor:»*Nicht on road. Nicht off road. All road.*«

Hyperwave – Anbieterin innovativer Intranetlösungen – tritt gleich mit zwei aufeinander folgenden Dreischritten in den Neuen Markt ein:»*Zukunft* (These) braucht Ideen. Markterfolge brauchen *Erfahrung* (Antithese). Wir bieten Ihnen *beides* (Synthese). *Neue Technologien* (These) und das über Jahre *gewachsene Knowhow* (Antithese), das diese erst zu *tragfähigen Lösungen* (Synthese) macht.«

Sind Sie ein Optimist (These) oder ein Pessimist (Antithese)? Am besten wohl ein Realist (Synthese) – wie Carl Friedrich von Weizsäcker mit der lehrreichen Geschichte vom Frosch in der Milch uns zuteil werden lässt:»Drei Frösche sind in die Milch gefallen: ein Optimist, ein Pessimist, ein Realist. Beide – der Optimist und der Pessimist – gingen unter. Warum? Der optimistische Frosch in der Milch tat nichts, weil er dachte, es gehe sowieso gut. Der pessimistische Frosch in der Milch tat nichts, weil er dachte, es gehe sowieso schlecht. Nur der realistische Frosch sagte: Ein Frosch in der Milch kann nichts anderes als strampeln. Also strampelte er. Plötzlich war Butter unter seinen Füßen. Und er sprang heraus.« – Eine wunderbare Erzählung auf der Grundlage des wirkungsvollen und deshalb Erfolg versprechenden Dreischritts These – Antithese – Synthese.

Diese Argumentationsfigur besticht gleich doppelt: Zum einen lebt sie von den Gegensätzen (These und Antithese). Gegensätze sind hervorragende Verständlichmacher. Zum anderen fügt sie die Gegensätze lösungs- und ergebnisorientiert in einer höheren Einheit (Synthese) zusammen. Mein Herzenswunsch an dich: Verzettele dich nicht in Kleinkriegen zwischen These und Antithese. Überwinde du die Gegensätze. Schlage also den Erfolg versprechenden Kommunikationsweg ein: Schlage du Synthesen vor – Rechtsanwälte bespielsweise leben davon gar nicht so schlecht.

Erfolgstipp Nr. 32:
Lege alle(s) aufs Kreuz

Das Rezept ist so leicht bekömmlich: Man nehme zwei Gegensatzpaare. Man überkreuze diese Gegensatzpaare nicht nur einmal, sondern doppelt. Und schon steht die Kreuzstellung. Beispiele gefällig? Bitte sehr:»Oft sind zehn *Angestellte zu wenig*, aber der *Chef zu viel*.« Ebenso aus dem Büro:»*Fleiß* kannst du *vortäuschen, faul* musst du schon *sein*.« Die Kreuzstellung würzt deine Erfolgssprache ungemein:

Schaubild 12: Kreuzstellung

Nr.	Ausgewählte Kreuzstellungen: Erfolgsbeispiele
1	*Global denken – lokal handeln.*
2	Die *Idee* ist *einfach*, die *Realisierung schwierig.*
3	Der *langen Rede kurzer Sinn.*
4	Pläne *machen* ist *leicht*, Pläne *durchführen* ist *schwer.*
5	*Kaufe heute, bezahle morgen.*
6	Die Linke will *mehr Rechte*, die Rechte *weniger Linke.*
7	Wegen *hübscher* Frauen *kaufen* Männer Bier, wegen *hässlicher* Frauen *trinken* Männer Bier.
8	Lieber *reich* und *gesund* als *arm* und *krank.*
9	Die haben *schwach angefangen* und dann *stark nachgelassen.*

Börse ist Psychologie. Und weil die Masse bekanntlich immer falsch liegt, muss es der langfristig erfolgreiche Börsianer wie die großen Börsengurus Warren Buffett, George Soros und André Kostolany machen: *kaufen*, wenn die Stimmung *zu Tode betrübt* ist, und *verkaufen*, wenn sie *himmelhoch jauchzend* ist.

Die Überkreuzung vorzugsweise entgegengesetzter Begriffe machen sich Unternehmen erfolgreich zu Eigen. Fisherman's Friend tritt stark auf:»Sind *sie* zu *stark*, bist *du* zu *schwach*.«

Richard Branson hebt für seine Fluggesellschaft Virgin ab: »*Buy low, fly high.*«.

Marlboro bietet auf dem Kontinent der Gegensätze, den USA, Abenteuerreisen an: »Meterhoher *Schnee* im *Norden, sommerliche* Temperaturen im *Süden.*«

Die Basler Kantonalbank sieht sich als Partner im globalen Bankhandelsgeschäft: »*Produce local, sell global.*«

Der HL Markt macht mit einer Kreuzstellung Stimmung: »*Stimmung rauf – Preise runter.*«

Ins gleiche Horn stößt Denner in der Schweiz: »Für *weniger Geld mehr Fleisch* am Knochen.«

Vom Kraftstofftank über Karosserieaußenteile bis hin zum Airbag findest du in Dreiliterautos leichte Kunststoffteile von BASF: »*Innovativ denken. Verantwortlich handeln.*«

Baumeler-Reisen empfiehlt: »*Check-in* statt *Burn-out.*«

Und wer Mieter zu Hauseigentümern macht, freut sich an der Kreuzstellung: »*Heute gemietet, morgen gekauft.*«

Während einer Abendgesellschaft greift eine gewisse Lady Astor unverblümt Winston Churchill an: »Wenn ich Ihre *Frau* wäre, würde ich Ihnen *Gift geben.*« Darauf konterte Churchill den Angriff schlagfertig: »Wenn ich Ihr *Mann* wäre, würde ich das *Gift nehmen.*« Und schon ist die Angreiferin aufs Kreuz gelegt.

Schlüsselbotschaften, die auf einer Kreuzstellung von zwei Gegensatzpaaren aufbauen, begünstigen einen durchschlagenden und nachhaltigen Erfolg deiner Verhandlung, Rede und Schreibe. Deshalb rate ich dir: Erst mit deiner Bereitschaft, eigenen Gehirnschmalz zu verbrennen, löst du die Eintrittskarte ins Reich der Erfolgssprache. Oder mit dem französischen Komponisten Jacques Ibert gesprochen: Die Kunst der Erfolgssprache besteht aus *10* Prozent *Inspiration*, *90* Prozent *Transpiration*.

Erfolgstipp Nr. 33:
Wer treibt's mit wem?

107 Millionen Mark Aktienvermögen besitzt Jörg Grabosch. Durchaus möglich, dass dir der Name Jörg Grabosch nicht geläufig ist. Schon eher möglich, dass dir die Produkte seiner »Brainpool TV AG« geläufig sind: Der Auftrag von SAT.1-Programmchef Fred Kogel, für ein 30-Millionen-Mark-Budget die »Harald Schmidt Show« zu produzieren, war Graboschs erster großer Coup. Schmidt produziert seine Show heute selbst. Exredakteur Grabosch zeichnet mit der »Wochenshow«, »Anke« und Stefan Raabs »TV total« für die beliebtesten TV-Quotenbringer verantwortlich.

6400 Millionen Mark Aktienvermögen besitzt Gerhard Schmid. Der Maurersohn wurde mit Mobilcom vom ehemaligen Sixt-Angestellten zum Selfmade-Milliardär. Der Mobilcom-Gründer geriet in nur drei Jahren zum Highflyer. Sein Aktienvermögen katapultierte den Telekommunikations-Krösus auf Platz 22 der reichsten Deutschen. Damit liegt Gerhard Schmid nur ein paar Ränge hinter Aldi-Gründer Theo Albrecht, 72, der seinen Wohlstand in Jahrzehnten schuf.

Wie Erfolg*reiche* noch erfolg*reicher* werden

107 Millionen Mark versus 6400 Millionen Mark Aktienvermögen – für Normalsterbliche so oder so ansehnliche Summen. Für sich allein betrachtet gelten sowohl Jörg Grabosch als auch Gerhard Schmid als erfolgreich. Zweifelsfrei gehören die beiden Unternehmensgründer verdientermaßen zu den »Steinreich.com«-Millionären.

Und doch besteht – gemessen an Zahl und Ziffer – mehr als nur ein kleiner und feiner Unterschied: Gerhard Schmid besitzt 6293 Millionen Mark mehr als Jörg Grabosch.

Wichtig zu wissen: Wie erfolgreich Jörg Grabosch und Gerhard Schmid vom breiten Publikum beurteilt werden, hängt nicht allein vom Kontostand ab. Für die Beurteilung der neuen Erfolg-Reichen entscheidend ist und bleibt nicht die Leistung – das Aktienvermögen – an und für sich. Was soll denn nur entscheidend sein? Rechnen Sie mit … dem Menschen – und seiner oft unbewusst verzerrten Wahrnehmung. Es ist die Gegenüberstellung beider Vermögensstände, die für die Wahrnehmung des Reichtums beider Unternehmer entscheidend ist. Mit anderen Worten: Auf die Startnummer kommt's an.

Rechnen Sie mit dem Kontrast-Effekt

Nehmen wir Jörg Graboschs ebenso wie Gerhard Schmids Aktienvermögen ohne Vergleichsmöglichkeit wahr, gelten beide als sehr reich. Sobald wir beide Aktienvermögen zueinander in Beziehung setzen, fällt die Wahrnehmung des Reichtums beider Unternehmer aufgrund des so genannten »Kontrast-Effektes« noch unterschiedlicher aus – wohlverstanden bei Gerhard Schmid hin zu »noch erfolgreicher, ja ungemein erfolgreich« und bei Jörg Grabosch zu »nicht ganz so erfolgreich«.

Wer reich ist, wird noch reicher

Betrachten wir zuerst das Aktienvermögen von Jörg Grabosch (107 Millionen Mark) und unmittelbar danach Gerhard Schmids Aktienbesitz (6694 Millionen Mark), beurteilen wir den erfolgreichen Gerhard Schmid noch erfolgreicher, als er ohnehin schon ist. Dem Kontrast-Effekt sei Dank! Tipp an Gerhard Schmid (verrechnungsfrei, im Buchpreis inbegriffen): »Lieber Gerhard, sieh zu, dass du mit Jörg Grabosch ins Rennen um Leistung, Erfolg und Reichtum steigst. Warum? Deine ohnehin ausgezeichnete Performance wird vom breiten Publikum noch besser beurteilt. Doch aufgepasst: Im Vergleich zum Microsoft-Gründer Bill Gates – immerhin 98 Milliarden US-Dollar schwer – nehmen sich deine sechs Milliarden eher bescheiden aus.«

Wer mit wem? Mehr als ein Spiel! Denn objektive Unterschiede (Aktienbesitz zum Beispiel) werden subjektiv durch Wahrnehmungsverzerrungen einer Scherenbewegung gleich verschärft: Das Publikum nimmt die ohnehin Erfolgreichen noch erfolgreicher wahr – stets zuungunsten der weniger Erfolgreichen. Bill Gates lässt freundlich grüßen!

Erfolgreicher in TV-Shows

Auf die Startnummer kommt's tatsächlich an. Der Liebling aller künftigen Schwiegermütter in der Volksmusik heißt Patrick Lindner. Für sich alleine genommen ein durchaus erfolgreicher Liedchensinger. Doch warum wollen ordentliche Schlagersänger wie Patrick Lindner nicht unmittelbar vor oder nach den Megastars wie den »Zillertaler Schürzenjägern« oder den »Kastelruther Spatzen« auftreten? Sensible Künstler wie Patrick Lindner & Co. spüren ganz unbewusst, wie verheerend sich ein Fernsehauftritt unmittelbar vor oder nach den Megastars auf die Wahrnehmung beim Publikum auswirkt: Abgewertet wird Star Patrick Lindner zum Schlagersänger unter vielen, aufgewertet werden die Megastars gar zu Gigastars. Unerbittlich wirkt der Kontrasteffekt. Die Wahrnehmung im breiten Publikum verschärft den Unterschied zwischen Stars und Megastars. Kein Wunder, dass gar Lieblingsschwiegersöhne wie Patrick Lindner hinter der Kamera plötzlich zu Trotzanfällen und Verweigerungsdrohungen neigen: »Unmittelbar vor oder nach den Megastars trete ich nicht auf.«

Erfolgreicher verkaufen

Besonders das erfolgshungrige Verkaufspersonal hat den Kontrasteffekt im Blut. Das Verkaufspersonal verkauft intuitiv zuerst den 900-DM-Anzug, denn wenn es dann um das Hemd geht, auch um ein teures, kommt dieses im Vergleich zum Anzug dem Kunden billig vor. Ein Mann mag sich dagegen sträuben, 150 Mark für ein Hemd auszulegen, aber wenn er gerade einen 900-Mark-Anzug gekauft hat, erscheinen 150 Mark für einen Pullover ganz akzeptabel. Das Gleiche gilt für Zusatzverkäufe, wenn ein Kunde passende Accessoires (Hemd, Krawatte, Pullover, Schuhe, Gürtel) zu seinem neuen Anzug kaufen will. Wenn ein Mann in der Absicht ein Bekleidungsgeschäft betritt, bloß einen Anzug zu kaufen, gibt er fast immer mehr Geld für Accessoires aus, wenn er die Accessoires im Anschluss an den teuren Anzug kauft. Zwei beliebige Dinge, die der Kunde in einer bestimmten Reihenfolge wahrnimmt, empfindet er als unterschiedlicher, als der Unterschied eigentlich ist.

Erfolgreicher als Immobilienhai

Eine Familie befindet sich seit längerem erfolglos auf der Suche nach einer neuen Mietwohnung. Die Zeit drängt, denn der bestehende Mietvertrag ist gekündigt, der Umzugstermin festgelegt. Bei der nächsten Besichtigung präsentiert ein Immobilienmakler zunächst ein heruntergekommenes, stark renovierungsbedürftiges, unansehnliches Appartement. Als er schließlich den Mietpreis nennt, fallen die Wohnungssuchenden aus allen Wolken und lehnen das Angebot entrüstet ab. Um seinen Kunden (angeblich) nicht zu vergraulen, macht der Makler den Vorschlag, schnell noch eine zweite Wohnung zu besichtigen. Er führt die Familie in ein mittelprächtig ausgestattetes Appartement, dessen Preis jedoch höher als der des ersten ist. Und schon spielt der Kontrasteffekt: Freudig unterschreibt die Familie den Mietvertrag, zumal sie die Sucherei gründlich satt hat. Die Familie spricht gar von einem ausgezeichneten Preis-Leistungs-Verhältnis. Der Makler freut sich ebenfalls – er hat schon gefürchtet, auf der Wohnung sitzen zu bleiben.

Erfolgreicher an der Börse

1998 brach der Aktienkurs mit einem Minus von 19 % ein. Für sich alleine genommen ist ein Kurssturz um 19 % für jeden Anleger dramatisch. Geschickt entwickelt die BZ-Trust-Bank um Martin Ebner eine »Crashologie«: Vorerst hält die BZ-Bank fest, dass größere Kursschwankungen an den Aktienmärkten keine Seltenheit sind. Dann weist die BZ-Bank darauf hin, dass es dramatische Kursverluste in kürzester Zeit nur sehr wenige gibt: In den USA verlor der Dow Jones im Oktober 1987 in wenigen Tagen 36 %; ebenfalls bestens bekannt ist der Crash von 1929, als die US-Börse in wenigen Wochen weit über 40 % einbrach. Und wieder spielt der Kontrast-Effekt, diesmal zugunsten der BZ-Bank: Gegenüber den Kurseinbrüchen von 40 % (1929) und 36 % (1987) nehmen sich die 19 % (1998) weit weniger dramatisch aus. Erfolg: Die Kunden investieren weiterhin bei der BZ-Bank.

Erfolgstipp Nr. 34:
Gib die Wahl vor

Bei der Alternative wird einzig die Wahl zwischen (zumeist zwei) vorgegebenen Möglichkeiten zugelassen. Goodyear gibt die Wahl der Reifen vor:»*Entweder* man *hat* sie. *Oder* man *braucht* sie.« Und die Alternative zu einer IKEA-Spezialität ist eine IKEA-Spezialität:»Schwedische Spezialitäten – zum *Mitnehmen oder Kommenlassen.*« – Swissair stellt die Frage:»I wonder if it's better to have *class or style*?« Gute Frage. Und keine Frage: Swissair hat beides.

Mit Fimatex, Onlinebroker in Frankfurt und Paris, ist Handeln jetzt doppelt gut:»Schön, die Wahl zu haben ... Nur bei Fimatex haben Sie die Wahl zwischen zwei Handelssystemen: Sie handeln mit dem Fimatex Webtrading direkt online über unsere Homepage unter *www.fimatex.de* oder Sie handeln mit der Fimatex Profi-Handelssoftware GTS in Echtzeit, mit automatischer Realtime-Kursaktualisierung.« *Ob* deine Finanzgeschäfte mit Fimatex zu tun haben oder nicht? Das ist hier nicht die Frage. Die Frage bezieht sich ausschließlich auf das Wie: Webtrading oder Profi-Handelssoftware.

Wer wie Fimatex die Wahlmöglichkeiten vorgibt, beraubt die Menschen auch nicht der Auswahl. Die Wahlmöglichkeiten werden nur etwas eingeengt. Darin liegt zugleich das Perfide und Geniale der Alternative.

Erfolgstipp Nr. 35:
Verwirre und verwickle

Lieber Gott, gib mir Geduld, aber bitte sofort! Weniger ist mehr. Keine Antwort ist auch eine Antwort. Wo nix läuft, läuft der Fernseher. Ein Deutscher wird doppelt so alt wie ein Senegalese, aber ein Senegalese hat doppelt so viel Zeit wie ein Deutscher. Wer am Vormittag nichts tut, soll wenigstens am Nachmittag seine Ruhe haben. Erledigst du diese Arbeit, oder soll ich sie liegen lassen? Früher habe ich mich vor der Arbeit gedrückt, aber heute könnte ich stundenlang zuschauen. Und mit Winston Churchill: Ein Diplomat ist, wer zweimal nachdenkt, bevor er nichts sagt.

Alle diese Aussagen setzen zwei oder mehrere Größen in eine befremdend eigenartige und scheinbar widersinnige Beziehung. Auf den ersten Blick verwirren und verblüffen diese paradoxen Aussagen.

»Einer unserer Mechaniker *arbeitet so langsam*, dass wir ihn *befördern* werden.« Wer wird schon gelobt, wenn er besonders langsam arbeitet? Langsamkeit führt in der Regel zum Rausschmiss. In der Wartung von Mietwagen jedoch kommt es auf höchste Pingeligkeit an. Prompt macht der paradoxe Slogan der Avis-Autovermietung Sinn.

»Immer mehr Menschen kommen zu uns, um zu *arbeiten*. Mercure *Hotels*«. Das Hotels wirbt nicht für Köche und Hausmädchen, sondern für Berufsleute, die auf Geschäftsreisen im Hotel arbeiten wollen.

»*Bereit, weniger zu verdienen als Ihre Untergebenen?* Dann suchen wir Sie: als Trainer der Fußball-Nationalmannschaft. Dringend!« Es gibt fast kein Jobangebot, dass es unter *www.winner.ch* nicht gibt.

Das Bankinstitut Crédit Suisse hat mehr als andere begriffen: »Wer *alles weiß*, hat *nichts begriffen*.« Der verblüffend wirkende Widerspruch in der Botschaft erheischt unsere Aufmerksamkeit mit an Sicherheit grenzender Wahrscheinlichkeit. Auf ebendieser paradoxen Klaviatur spielt die kurven- und quotenstarke TV-Talkerin Verona Feldbusch: »Ich liebe Kinder über alles; *anderseits mag ich auch die Menschen*«. Verona plappert solche Verwegenheiten anmutig vor sich hin – und stürzt uns doch ins Grübeln. Was prima vista als Blöd- und Stumpfsinn daherkommt, hallt als Paradoxon in unseren Köpfen nach: die begriffliche Scheidung nämlich von Kindern (göttlich!) und Menschen (allzu menschlich!). Ein jedes Paradoxon macht uns neugierig und treibt uns an, den rätselhaften, ja unterhaltsamen Widerspruch aufzulösen, hervorragend umgesetzt von Eduard Dressler in seinem Slogan für Anzüge: »Kaufen Sie lieber einen Anzug für *1000 DM. Der für 600 ist zu teuer.*«

»*Fliegen ist aufregend. Bahnfahren ist langweilig.*« Raten Sie mal, wer so wirbt? Es ist nicht die Lufthansa. Es ist die Deutsche Bahn. So paradox die Behauptung klingt, so erfolgreich die Auflösung: »Fliegen ist aufregend« ergänzt die Deutsche Bahn schlagwortartig mit »Einchecken. Sicherheitskontrolle. Busfahren zum Flugzeug. Boarding. Start verschoben. Start. Warteschleife. Warteschleife. Landung. Warten bis zum Aussteigen. Busfahren zum Gate. Taxi in die Stadt.« All diese Hindernisse vermiesen die Freude am Fliegen. Deshalb fügt die Deutsche Bahn der Behauptung »Bahnfahren ist langweilig« einzig »Abfahrt. Ankunft« hinzu. Und schon finden Sie Fliegen nervenaufreibend-langweilig und Bahnfahren kurzweilig-aufregend. Dem Paradoxon sei Dank!

»Wir beurteilen die *Größe* eines Unternehmens nicht nach seiner *Größe*.« Creditreform weiß, dass heute ein Unternehmen bereits Größe erweist, wenn es seine Rechnungen bezahlt. Besonders kurze Slogans mit einem Paradoxon sind in hohem Masse erklärungsbedürftig, was die Leute schnell einmal in Gespräche und Auseinandersetzungen verwickelt. Und schon ist die Botschaft nachhaltig verankert.

Eigenartigerweise scheint gerade die Aussage »Behalte das und das bitte für dich« für viele Mitmenschen als eine Aufforderung zum Weitererzählen. Paradox: Wenn Sie eine Botschaft definitiv unter die Leute bringen wollen, reichern Sie diese mit dem Zusatz an: »Sag's bitte nicht weiter.« Genau auf diesem Effekt baut der Aspecta-Lebensversicherer auf: »Wenn Ihnen Ihr Sparbuch heilig ist, *lesen Sie bitte nicht weiter.*« Wetten, dass weiterliest, wer auch nur der Spur nach auf Rendite aus ist?!

Erfolgstipp Nr. 36:
Verhülle und verharmlose

Manchmal möchtest du peinliche Sachverhalte eher verhüllend umschreiben oder anstößige Eigenschaften eher verharmlosen. Dazu leisten harmlos klingende Wörter und Sätze vorzügliche Dienste. Drücke also gravierende Situationen euphemistisch (schönfärberisch) aus:

Schaubild Nr. 13: Schönfärberisch ausgedrückt

Nr.	Ungeschminkt ausgedrückt:	Und so drückst du denselben Sachverhalt schönfärberisch aus:
1	Einspruch	Frage, Beitrag
2	Nicht geschafft	Bereits begonnen, noch zu erledigen
3	Streit, Knatsch	Meinungsbildung ist noch nicht abgeschlossen
4	Tricks	Vorschläge, Tipps, Methoden
5	Wir müssen befürchten	Wir können hoffen
6	Nachmittags geschlossen	Vormittags geöffnet/von … bis … geöffnet
7	Halb leer	Halb voll
8	Werbung, Reklame	Konsumententipps
9	Wegwerfflasche	Einwegflasche
10	Entlassung von Mitarbeitern	Freisetzung, Freistellung
11	Spekulationspech	Wertsteigerungspause
12	Schuldenberg	Finanzieller Engpass
13	Spion	Beobachter
14	Unfähig	Glücklos, besser geeignet für …
15	Schmiergelder	Auftragsbeschaffungskosten, Wettbewerbsverdrängungsvergütung
16	Ab DM 5,–	Schon für DM 5,–

Der saubere Krieg

Den USA kommt das Verdienst zu, den irakischen Schreckens-
herrscher Saddam Hussein in die Schranken gewiesen zu haben.
CNN – die amerikanische TV-Station – lieferte 1991 den Golfkrieg
live frei Haus. Schönfärberisch war die Sprache der Sieger allemal.
Wenn militärische Stellungen des Gegners *zerstört* wurden, hieß es:
»Die militärischen Stellungen des Gegner sind *neutralisiert*«. –
Wenn die Luftwaffe militärische Ziele *zerstört* hat, hieß es:»Die
Flugzeuge haben ihre Ziele *bedient*.« CNN stellt das Bombarde-
ment als erfolgreichen Service dar.

Political Correctness

Ein Begriff geistert mehr und mehr auch in der Wirtschaft herum,
der Begriff der »Political Correctness«, abgekürzt »PC«, was in
diesem Fall rein gar nichts mit einem Personalcomputer zu tun
hat. Bei der »Political Correctness« handelt es sich um schönfär-
berische Sprachregelungen, wie sie sich aus dem herrschenden
Zeitgeist ergeben. Tückisch und hinterlistig an der »Political Correctness« ist, dass das »richtige Denken« einverlangt wird, ohne
dass dies von einer dafür legitimierten Instanz festgelegt worden
wäre. Es geht um Herrschaft durch Sprache, verordnet durch
selbst ernannte Sprachhüterinnen und Sprachhüter. Letztere
mausern sich zu neuen Diktatorinnen und Diktatoren. Fürs Erste
wollen sie unerwünschte Wörter und Gedanken ausrotten.

Schaubild 14: Wörter und Unwörter in der »Political Correctness«

Nr.	Unerwünschte Wörter, »Unwort«:	Erwünschte Wörter, »Wort«:
1	Neger, Nigger	Schwarzer, besser Farbiger
2	Blinde	Anderssichtige
3	Zwergwüchsige	Vertikal Herausgeforderte
4	Dumme	Minderbegabte oder Andersbefähigte

Das Wort »Zigeuner« darf bald nur noch im Zusammenhang mit Franz Léhars Operette »Der Zigeunerbaron« oder mit »Zigeunerschnitzel« verwendet werden. Korrekt allerdings wären »Sinti« und »Roma«, obwohl nicht alle Zigeuner Mitglieder dieser Gruppen sind und die Begriffe auch grammatikalisch falsch sein sollen (Singular: Sinto/Rom, Plural: Sintiza, Romni). Noch korrekter als schon korrekt wäre also nach dem Gusto der selbst ernannten Sprachregler: »Sintizabaron« oder »Romnischnitzel« statt »Zigeunerbaron« oder »Zigeunerschnitzel«! Na dann …

Erfolgstipp Nr. 37:
Latin Lover: Lob der Verführung

Die lateinischen Redewendungen passen auf nahezu alle und
alles. Lateinische Zitate passen, weil sie allgemein gehalten sind.
Lateinische Zitate passen auch, weil immer weniger Leute Latein
verstehen und sich immer weniger Leute kaum zu fragen trauen,
was denn nun eigentlich das lateinische Bonmot bedeute. Ent-
blößen getraut sich ja kaum einer. Diesen Vorteil machst du dir als
Latin Lover zunutze.

Latin Lover, gib Acht! Versteht dein Gesprächspartner lateinische
Zitate nicht, beginnt er zu grübeln, was für eine bedeutungsschwangere Antwort du wohl parat hattest. Dies schwächt die Sicherheit deines Gesprächspartners.

Latin Lover, hab Acht! Dem Latein haftet die Aura der Gelehr-
samkeit an. Bombardiere die Leute nicht ständig mit Latein. Setze
Latein gezielt ein. Beispiel: Die weit verzweigte Zeitungsland-
schaft der Schweiz wird mit gutem Grund als Bannwald der De-
mokratie bezeichnet. Lichten Fusionen den Bannwald, trifft eine
lateinische Wortschöpfung der Neuen Zürcher Zeitung (NZZ)
den Nagel auf den Kopf:»Fusionitis acutis.«

Lust am Latein

Ich lade dich zu einem erfrischenden Kurzlehrgang in Latein ein.
Die Liste enthält 52 gebräuchliche Redewendungen für das Berufsleben. Entweder du bringst einen lateinischen Rucksack mit –
dann frischst du die Redewendungen auf –, oder du bist in Latein nicht vorbelastet – dann lernst du die Vokabeln auswendig.
Du hast schon richtig gelesen: auswendig. Warum sich das lohnt?
Zum einen verstehst du lateinische Ausdrücke besser. Zum anderen versetzen sie dich in die Lage, dich vielfältiger und erfolgreicher auszudrücken.

Schaubild 15: Lob der Verführung durch den Latin Lover

Ab initio nullum semper nullum	Anfangs nichtig, immer nichtig	DIGESTA
Ab bove maiore discat arare minor	Vom größeren Ochsen lerne der kleinere pflügen	ALTRÖMISCH
Ad nummum convenit	Es stimmt auf den Pfennig	CICERO
Ad oculos	Vor Augen	CICERO
Alea iacta est	Der Würfel ist geworfen	CÄSAR
Amanti nihil difficile	Nichts ist für einen Liebenden schwer	CICERO
Aqua et panis est vita canis	Wasser und Brot, das ist ein Hundeleben	ALTRÖMISCH
Aquila non captat muscas	Ein Adler fängt keine Fliegen	ERASMUS
Asinus asinum fricat	Ein Esel reibt sich (gern) an einem Esel	AUSONIUS
Consummatum est	Es ist vollbracht	JOHANNES
Cui bono?	Wem nützt es?	CICERO
Cum grano salis	Mit einem Korn Salz (etwas ist nicht ganz wörtlich zu nehmen, mit entsprechender Einschränkung)	PLINIUS
Curriculum vitae	Lebenslauf	
Decipimur specie recti	Wir werden vom Schein getäuscht	HORAZ
De facto	Tatsächlich	DIGESTA
De iure	Von Rechts wegen	DIGESTA
Deus ex machina	Der Gott aus der Maschine (ein unverhoffter Retter)	PLATON
Divide et impera!	Teile und herrsche	LOUIS XI.
Do, ut des	Ich gebe (dir), damit du (mir) gibst	DIGESTA
Ecce homo!	Siehe: (Welch) ein Mensch!	JOHANNES
Edite, bibite!	Esst, trinkt!	SARDANAPALUS
Et tu, Brute?	Auch du, Brutus?	CÄSAR
Exitus acta probat	Der Erfolg beurteilt die Tat	OVID
Exitus in dubio est	Der Ausgang ist zweifelhaft	OVID
Fama volat	Das Gerücht fliegt (eilends)	VERGIL

Felix, heu, nimium felix!	Glückliche, ach, allzu Glückliche!	VERGIL
Homo bulla	Der Mensch ist eine Luftblase	VARRO
Homo homini lupus est	Der Mensch ist dem Menschen ein Wolf	HOBBES
Homo ludens	Der spielende Mensch	HUIZINGA
Horribile dictu, horribile visu	Schrecklich zu sagen, schrecklich anzusehen	VERGIL
In dubio pro reo	Im Zweifel für den Angeklagten	BOSSIUS
In nuce	In der Nuss (im Kern)	PLINIUS
In vino veritas	Im Wein (liegt) Wahrheit	PLINIUS
Male sit tibi!	Soll sie doch der Henker holen!	ALTRÖMISCH
Omnia vertuntur	Alles wandelt sich	PROPERZ
Ora et labora	Bete und arbeite	BENEDIKTINER
Otium cum dignitate	Muße mit Würde	CICERO
Pacta sunt servanda	Verträge müssen eingehalten werden	GREGOR IX.
Panem et circenses	Brot und Spiele	JUVENAL
Perpetuum mobile	Unaufhörlich Bewegliches	SCHOTT
Possum nil ego sobrius	Nüchtern vermag ich nichts	MARTIAL
Praeter speciem stultus est	Er ist dümmer, als er aussieht	PLAUTUS
Pro domo	Für das eigene Haus (das eigene Interesse)	CICERO
(Domine) quo vadis?	Herr, wohin gehst du?	LINUS
Saepe viri fallunt	Oft betrügen die Männer	OVID
Sancta simplicitas	Heilige Einfachheit	HIERONYMUS
Suum cuique	Jedem das Seine	CICERO
Tabula rasa	Eine geglättete Tafel	THOMAS VON AQUIN
Terra incognita	Ein unbekanntes Land	TACITUS
Usus tyrannus	Die Macht der Gewohnheit ist ein Tyrann	HERODOT
Ut ameris, ama!	Um geliebt zu werden, liebe!	MARTIAL
Veritas odium parit	Wahrheit erzeugt Hass	TERENZ

101

Erfolgstipp Nr. 38:
Schlage Kapital aus Sprichwörtern

Sprichwörter vermitteln Weisheiten, Lebensregeln, Erfahrungen. Aufgrund der Allgemeingültigkeit wirken besonders die bekannten Sprichwörter eindringlich und erfolgreich.

Wer eine neue Stelle angetreten hat, arbeitet erst mit besonderem Eifer, will vieles verändern und verbessern, wird aber bald erlahmen. Sachverhalte wie diesen bringen Sprichworte prägnant auf den Punkt:»Neue Besen kehren gut.«

Siemens verkauft Kochherde mit einem Sprichwort:»*Bringen* Sie Ihren Mann *zum Kochen.* Ab 2100 DM.«

Die Einladung der Lufthansa ist als Redewendung getarnt:»Heute ist wieder ein Tag *zum in die Luft gehen.*«

Groupe Société Générale, ein europäischer Onlinebroker, fördert sprichwörtlich den Handel an der Börse, indem du sicher, schnell und günstig alle über Xetra handelbaren Produkte ordern kannst:»Jetzt *stecken* Sie die Börse *in die Tasche.* Mit WAP!«

Nach dem Öffnen der Klappe ist das Nokia-Handy für dich sofort startklar:»Hier *geht die Post ab.* Elektronisch.«

Erfolgstipp Nr. 39:
Verfremde, verwandle, verblüffe

Mit der Verfremdung geht eine Umwandlung, Umformung und Umgestaltung von Sprichwörtern, Redensarten, Weisheiten, Lebensregeln, Erfahrungen einher. Wer bekannte Sprichwörter verfremdet und verwandelt, verblüfft das Publikum. Genau damit führt Microsoft das Softwarepaket Windows 2000 ein:»Die Ersten werden die *Ersten* sein.« Und: Das Publikum dankt die Kreativität – oft erst mit einem Schmunzeln, hernach mit einer höheren Akzeptanz.

»Man spricht Deutsch« verfremdet Heineken zu»Man spricht *Heineken*.« Wetten, dass Biertrinkern diese originelle Umformung schmeckt? Mit dem Erfolgerlebnis: Bierliebhaber denken nicht nur an Bier, sondern an Heineken.

Alle haben wir diese Erkenntnis gewonnen:»Aller Anfang ist schwer.« Und was macht VW daraus:»Aller Anfang ist *er*.« Mit der Verfremdung des Erfahrungsschatzes verkauft VW gebrauchte VW-Polos als Einstiegsmodell für Anfänger.

BMW verfremdet das geflügelte Wort»Nur Fliegen ist schöner« und bringt es als»Nur *Fahren* ist schöner« auf den Boden.

Die DekaBank verfremdet WWW:»Machen Sie das World Wide Web zur World Wide *Chance*.«

Ich kaufe, also bin ich

René Descartes (1596–1650) prägte die bekannte Sentenz:»Ich denke, also bin ich.« Solche Satzmuster laden zur spielerischen Verfremdung ein. Legen wir die Verfremdung verschiedenen Gruppen in den Mund – dem Konsumenten»Ich kaufe, also bin«, dem Bauern »Ich beziehe Subventionen, also bin ich«, dem Politiker »Ich bin in der Zeitung abgebildet, also bin ich«, dem Piloten »Ich bringe es auf exakt so viele Landungen wie Starts, also bin ich«, dem Aussteiger »Ich schlürfe auf bastgeflochtenen Sandalen dahin, also bin ich« … Jetzt bist du mit weiteren Verfremdungen dran.

Der Mensch ist, was er isst

Wer wahren Essensfreuden zugeneigt ist, kümmert sich zuallererst um die Küche. Zu den bekennenden Genießern gehört der kultivierteste Geist der Goethezeit, Baron Karl Friedrich von Rumohr (1785–1843). Der »denkende Mundkoch« bereiste 1805 Italien. Von dort aus lautete sein brieflicher Stoß- und Lustseufzer: »O Welt, o Klima! Ich esse für viere und trinke Wein, wie es sich gehört.« Von ihm stammt der grundlegende Satz: »Der Mensch ist, was er isst.« Dieser kulinarische Imperativ verführt nachgerade zur Verfremdung: Der Mensch ist, was er trinkt, kauft, fährt usw.

Eine erfolgreiche Kunst

Verfremdung ist eine erfolgreiche Kunst, die nicht nur dem Verpackungskünstler Christo vorbehalten bleiben sollte. Die Verfremdungskunst bearbeitet eine bekannte Vorlage mit einem Schuss Kreativität. Oliver Kahn, gorillaähnlicher Torwart des FC Bayern München, wird von der Zeitschrift »stern« kurzerhand zum »Torminator« gestempelt. Der Bekanntheitsgrad der Filmvorlage – »Terminator« mit Arnold Schwarzenegger – erleichtert die Vermittlung der Botschaft. Die Verfremdung der Vorlage fesselt das Publikum.

Erfolgstipp Nr. 40:
Steigere dich zum Höhepunkt

Einfache Gemüter sagen simpel:»Du hast 5000 neue Kunden gewonnen.« Mit der Steigerung bleibt der Sachverhalt gewahrt. Nur die Dramaturgie ändert:»Du hast nicht 1000, nicht 2000, sondern 5000 Kunden gewonnen.« Mit ebendieser Steigerung stellst du denselben Sachverhalt aufregender und spannungsreicher dar. Zugleich steigerst du die innere Bewegtheit der Gesprächspartner.

Wer sich zu einer Rüge veranlasst sieht, bemängelt:»Du hast drei Kostenüberschreitungen zu verantworten.« Für denselben Sachverhalt kannst du mit einer Steigerungsform eine ungleich eindringlichere Wirkung erzeugen:»Du hast nicht eine, nicht zwei, sondern drei Kostenüberschreitungen zu verantworten.« Der Ton macht die Musik. Oder: Die Steigerung macht die Dramaturgie.

Kurt G. Kiesinger, CDU, spitzte am 23. Januar 1958 vor dem Deutschen Bundestag seine Aussage mit einer Steigerungsform zu: »Herr Wehner, in jeder Fraktion, in jeder Partei gibt es *Eifrige, Übereifrige und allzu Eifrige.*«

Die tägliche Pflicht wird mit dem Mach3 von Gillette zum täglichen Vergnügen:»The *easiest* way to the *closest* shave.« Rasurgeplagte Männer frohlocken.

Als Autor kann ich es mir nicht verkneifen. Ich hoffe, ja, ich bin überzeugt, dass du dir die Steigerungsform tatsächlich zu Eigen machst. Deren Einsatz ist im Alltag sehr wirksam, wie die Beispiele belegen. Automobil: Leise, leiser, *Rolls Royce*. Informatik: Schnell, schneller, *Intel*. TV-Show: Kreativ, kreativer, *Harald Schmidt*. Automobil: Erfolgreich, erfolgreicher,»*Schumi*«.

»Doktorarbeit: *542* Seiten. Memos: *878* Seiten. Vorträge: *1239* Seiten. Fehlen nur noch ein paar Zeilen.« Wer sich beruflich weiterentwickeln will, muss nicht viel schreiben: Stellenvermittler »jobline.de« erwartet den Lebenslauf kurz und knapp und online.

Fielmann steigert den Brillenverkauf mit »Günstig ist *gut*, garantiert günstig ist *besser*.«

Auch Rücksteigerungen haben es in sich, wie HUK-Coburg eine Haftpflicht-, Hausrat- und Wohngebäudeversicherung anbahnt: »*Vier* Wände. *Drei* Versicherungen. *Eine* Kompakt-Police. *1,–* DM pro Tag.«

Erfolgstipp Nr. 41:
Schieße über das Ziel hinaus

Stelle Personen oder Sachen seelenruhig übertrieben dar. Nicht auf die Dauer. Das ermüdet. Schieße mit Übertreibungen gezielt über das Ziel hinaus. Das machen wir im Alltag regelmäßig: Werden wir während der Arbeitszeit stark beansprucht, neigen wir zur Übertreibung: Ich kann nicht *überall* sein. War an einer Eröffnungsfeier sehr viel los, neigen wir zur Übertreibung: Da war der *Teufel* los.

Made in Paradise

Unternehmen – nicht nur Renault – übertreiben gelassen: »Verlockend neues Design und noch verführerischere Ausstattung: Der neue Renault Clio. *Made in Paradise.*«

Toyota legt Zeugnis von der offenen Gesellschaft ab: »*Nichts ist unmöglich.*«

Österreich wirbt erfolgreich für Skiurlaub und verspricht »Lifte *bis zum Himmel.*« Kein Skifahrer will sich zu Petrus hochziehen lassen.

Auch Rank Xerox zählt sich zu den Gipfelstürmern: »The *sky* is the limit!«

Der Europa-Park in Rust verspricht Abenteuer, Erlebnis und Unterhaltung: »*Ich schieß dich auf den Mond!*«

»Können Sie vorne rechts stark bremsen, hinten links schwach bremsen, *gleichzeitig* hinten rechts Gas geben und damit bereits im Ansatz verhindern, dass das Heck Ihres Wagens ausbricht? Ja. ESP von Bosch hält Ihren Wagen sicherer in der Spur.« Übertreibung der feinen Art: Bosch hat die Lösung. Sie können weiterhin auf zwei Füße vertrauen.

Texte mich voll!

Per SMS jemanden kennen lernen? Einen Versuch hat jeder, egal wie er aussieht. Aber um den Flirt erfolgreich zu gestalten, muss die Handy-Mail schon gut sein. Nadine hat schon viele Mails bekommen, aber so romantisch, so poetisch, so originell wie Roberts war noch keine: »Deine Eltern müssen Diebe sein. Sie haben dem Himmel zwei Sterne geklaut und sie dir in die Augen gesteckt.« Nadine ist entzückt. Und Robert darf hoffen. Der Übertreibung sei Dank.

Voll Freude für einen Hungerlohn ...

Ein Stelleninserat schießt weit über das Ziel hinaus. Und macht wohl gerade dadurch den Verlag als möglichen Arbeitgeber attraktiv: »Der Haffmanns Verlag sucht eine gestandene Lektorin, die auch ein gestandener Lektor sein kann, in jedem Fall dieses Programm so gut kennt, uns so sehr liebt, sogar den Verlagsnamen richtig schreiben kann, daher über eine überragende literarische Urteilskraft, eine ausgezeichnete Formulierungsgabe sowie vorzügliche Kenntnisse der deutschen Literaturszene wie auch der englischen Sprache verfügt, dass sie *sich voll Freude für einen Hungerlohn zu Tode schuften* will. Wer bis hierhin durchgehalten hat, bewerbe sich bitte schriftlich bei ...« Ich wünsche mir schon der gelungenen Übertreibung wegen, dass Haffmanns die gewünschte Lektorin gefunden hat.

Alberto Tombas Jünger

Selbst der liebe Gott braucht etwas Werbung. Wie er das tut? Er lässt feierlich die Kirchenglocken läuten. Auch Menschen aus Fleisch und Blut eignen sich für feierliche Zeremonien. Die Fans zelebrieren die Ehrung ihres Helden »Alberto Nazionale« ebenso übertrieben wie gelungen. Auf ein Transparent am Slalomhang Miramonti in Madonna di Campiglio schreiben Alberto-Tomba-Jünger: *»Erst schuf Gott den Schnee, dann schuf er Tomba und sagte: Gehe hin und gewinne.«* Ehre, wem Ehre gebührt! – Der markenbewusste Modemacher Wolfgang Joop behauptet: *»Gott* trägt Prada.«

Erfolgstipp Nr. 42:
Dein Kopf steht für Themen und Positionen

Adolf Diesterweg fordert bereits 1848 im »Wegweiser zur Bildung deutscher Lehrer« von den Lehrkräften nicht weniger als »die Gesundheit und Kraft eines *Germanen*, den Scharfsinn eines *Lessing*, das Gemüt eines *Hebel*, die Begeisterung eines *Pestalozzi*, die Klarheit eines *Tillich*, die Beredsamkeit eines *Salzmann*, die Kenntnisse eines *Leibniz*, die Weisheit eines *Sokrates* und die Liebe *Jesu Christi*.«

Ich gebe es ja offen zu: Dieser hehre Tugendkatalog ruft nach überirdischen Helden. Doch mach dir nichts vor: Auch du hältst – egal ob du nun willst oder nicht – tagein, tagaus deinen Kopf hin. Gescheite Leute nennen das vornehm Personalisierung. Damit meinen sie nicht mehr und nicht weniger, als dass dein Kopf für Themen und Positionen steht. Mit Verlaub sei dir geraten: Kehre ein Weilchen ein ins stille Kämmerlein: Welche Themen und Positionen verkörpert dein Kopf – in der Firma, im Freundeskreis und in der Familie?

Erfolgstipp Nr. 43:
Pflege dein Prestige

Du fährst abends um 17.30 Uhr im Stoßverkehr auf eine Straßenkreuzung zu. Die Ampel schaltet auf Rot. Du hältst den Wagen an. Du befindest dich im ersten Auto in der Kolonne, die vor der Ampel wartet. Nun schaltet die Ampel auf Grün. Du fährst bewusst nicht weg. Während der gesamten Grünphase bleibst du stehen – und beobachtest die Autos unmittelbar hinter deinem Wagen, beobachtest also die Autos in der Kolonne vor der Ampel.

Auf Frustration folgt Aggression

Auf Frustration (Behinderung des Nachfolgewagens durch Nichtanfahren bei Grün an der Ampel einer Kreuzung) folgt Aggression (Hupen des Nachfolgewagens): 90 % der Fahrzeuglenker des Nachfolgewagens betätigen ihre Hupe.

Entscheidend für das Ausmaß der Aggression ist das Prestige oder der Status des Automobils, das bei Grün nicht anfährt. Bei einem alten und dreckigen VW-Käfer – wir unterstellen einen geringen Status – dauert es nach dem Umschalten der Ampel von Rot auf Grün im Durchschnitt nur gerade 3,7 Sekunden bis zum ersten Hupen des Nachfolgewagens. Bei einer niegelnagelneuen Mercedes-Limousine dauert es bis zum ersten Hupen im Durchschnitt immerhin 5,1 Sekunden. Die Fahrzeuglenker des Nachfolgewagens hupen schneller, verhalten sich also schneller aggressiv, wenn der VW-Käfer (»geringer« sozialer Status) vor der Ampel bei Grün stehen bleibt, als wenn ein Mercedes (»hoher« sozialer Status) das Hindernis darstellt. Pflege dein Prestige mit Statussymbolen wie Autos, Uhren, Aktenkoffern, Anzügen, Krawatten und dergleichen. Und schon schwappt dir bedeutend weniger Aggression entgegen. Kaum jemand getraut sich mehr, dich anzufeinden. Zugegeben: Auszubildende haben es da ein bisschen schwerer.

110

Erfolgstipp Nr. 44:
Hier kocht – und kommuniziert der Chef

Kochen und Kommunikation haben eines gemeinsam: Zu viele Köche verderben den Brei. In der Küche bestimmt der Chefkoch. Im Journalismus sagt der Chefredakteur, wo's langgeht. Wenn in Unternehmen jeder und jede über alle und alles kommunizieren darf, kann, soll, will, muss – dann ist der Misserfolg vorprogrammiert.

Die Beweisführung ist mir »tierisch« ernst. Professor Ringelmann lehrte Ingenieurwesen am Französischen Nationalinstitut für Agronomie. Er untersuchte 1882–1887 die »relative Effizienz« der Arbeitsleistung, die von Ochsen, Pferden, Maschinen und ... Menschen in der Landwirtschaft geleistet wird.

Männer mit Muskeln gehen ran

Ringelmann lässt junge Männer entweder alleine oder in Gruppen von zwei, drei oder acht Personen an einem Seil ziehen. Die ausgeübte Kraft wird mithilfe eines so genannten Dynamometers gemessen. Arbeiten die Probanden allein, ziehen sie mit einer durchschnittlichen Kraft von 63 Kilogramm. Aber zwei Männer verdoppeln die Zugkraft nicht auf 126 Kilogramm, drei Männer verdreifachen die Zugkraft auch nicht auf 189 Kilogramm! Die Gruppe von zwei Männern zieht im Durchschnitt lediglich 118 Kilogramm (8 Kilogramm weniger als zwei Personen alleine ziehen würden), die von drei Männern nur 160 Kilogramm (29 Kilogramm weniger) und die Gruppe von acht Männern bleibt gar um 256 Kilogramm unter ihrem Potenzial! Dies bedeutet, dass der Prozessverlust pro Teilnehmer mit der Gruppengröße wächst. Oder: Je größer die Gruppe, desto größer der Unterschied zwischen tatsächlicher und möglicher (potenzieller) Leistung!

Schaubild 16: Kommunikation als Selbsterfahrungsgruppe – nein danke!

Anzahl Personen	Tatsächliche Leistung	Mögliche Leistung
1	63 kg	
2	118 kg	126 kg
3	160 kg	189 kg
8	248 kg	504 kg

Kommunikation mit Kraft und Saft

Warum leisten Einzelpersonen weniger, wenn die Gruppengröße wächst? Zwei Effekte führen zu Verlusten in Form von Leistungseinbußen:

1. Koordinationsverluste beim Seilziehen beziehen sich auf die Tendenz, dass Gruppenmitglieder nicht zwangsläufig auf dieselbe Richtung hinarbeiten oder, wenn dies doch der Fall ist, dass sie nicht ihre gesamte Kraft im selben Augenblick einsetzen. Genauso in der Kommunikation! Wer Kommunikation als Selbsterfahrungsgruppe aufzieht, koordiniert wesentlich mehr, als er produziert.

2. Motivationsverluste beziehen sich auf die Tendenz, den anderen die Arbeit zu überlassen, solange der persönliche Beitrag zur Gruppenleistung nicht erkennbar ist. Das einzelne Gruppenmitglied hält insbesondere in größeren Gruppen mit der Eigenleistung ganz oder teilweise zurück (»social loafing« = »soziales Faulenzen«). Genauso in der Kommunikation! Der Ball, wer jetzt was zu erledigen hat, wird hin und her geschoben. Demotivierend für kommunikationsfreudige Personen. Wir nennen dies auch Trittbrettfahrer-Effekt, der verschwindet, sobald Gruppenmitglieder glauben, dass ihr Leistungsbeitrag durch Vergleich mit den Leistungen anderer identifiziert werden kann.

112

Und was lernst du daraus? Mag sein, dass Gruppenarbeiten durchaus Sinn machen. Kommunikation jedenfalls funktioniert unter Profis so ziemlich anders. Erfolgreiche Kommunikation setzt Chefs voraus, die Kommunikation als Führungsaufgabe nach innen und außen tatsächlich wahrnehmen – mit klaren Zuständigkeiten, namentlich gezeichneten Beiträgen, kurzen Abläufen und schneller Arbeitsweise.

Erfolgstipp Nr. 45:
Schaffe den kleinen und feinen Unterschied

Tolpatschigkeit überlasse anderen. Du jedoch fechte mit der feinen Klinge. So schaffst du den einen kleinen – und oft matchentscheidenden – Unterschied. »Wasserball ist ein harter Sport, *vor allem für Nichtschwimmer*«, pflegte Showmaster Peter Frankenfeld elegant zu sagen.

Lancia wirbt für die Limousine: »Wie weit man es bringt, ist nicht entscheidend. *Sondern wie man ankommt.*«

Volvo lädt zur Probefahrt mit dem Volvo V70: »Testen Sie ihn. *Aber bitte bringen Sie ihn zurück.*«

Jede Zigarette ist eine zu viel, behaupten Gesundheitsapostel und -minister. British American Tobacco schafft selbst den feinen Unterschied: »Jede Zigarette, *die man nicht bewusst genießt*, ist eine zu viel.«

Eine verführerische Dame knabbert an einem Langnese-Magnum-Eis: »Ich teile vieles. Aber nicht *alles.*«

Gerling gewinnt Kunden mit »Die Versicherung für Leute, *die keine Zeit für Versicherungen haben*«.

Wählerisch

Tee ist nicht einfach Tee. Teekenner unterscheiden mit feiner Nase und feinem Gaumen. Wer Tee genussvoll trinkt, wählt für jede Gelegenheit den passenden Geschmack. Das macht sich Lipton zunutze. Folgerichtig pflegt Lipton so unterschiedliche Marken wie Lipton Yellow Label, Lipton Sun Tea, Lipton Secret Garden, Lipton Tchaé und Sir Thomas Lipton.

Wahlentscheidend

Die Nachzählung der Stimmen für Al Gore und George W. Bush entwickelt sich zur Fortsetzung des Wahlkampfes. Präsident Bill Clinton schält die kleinen und feinen Unterschiede nach der unendlichen Wahlnacht vom 8. November 2000 meisterhaft heraus: »Kein Amerikaner wird jemals wieder ernsthaft sagen können, auf *seine* Stimme komme es nicht an. Das amerikanische Volk hat *gesprochen*, es wird aber eine Weile dauern, herauszufinden, was es *gesagt* hat.«

Pflege die Marke ICH

Flüstert im 21. Jahrhundert ein junger Mann seiner Angebeteten die berühmten drei Worte »Ich liebe dich« ins Ohr, haucht die Herzdame höchstwahrscheinlich »Ich mich auch« zurück. Die Siegesfahrt der Egozentrik hat längst begonnen. Ergo spiegelt sich die Individualisierung in der Sprache.

Erfolgreich hätschelt die Hypo-Vereinsbank das Ego der Kunden: »Leben *Sie*. Wir kümmern uns um die Details.«

Nivea stellt das Ich ebenso in den Mittelpunkt: »*I love my* Body.«

Und L'Oréal weiß, wie Kunden kaufen: »Weil *ich* es *mir* wert bin.«.

Erfolgstipp Nr. 46:
Überrasche – und du gewinnst

Wer lässt sich nicht gerne auf eine angenehme Art und Weise überraschen? Volkswagen präsentiert den Passat:»Euro? Dollar? Franken? *Zink*?« Alle denken ans Geld. Doch die Wende kommt Knall auf Fall: Zink als schlagendes Argument für Wertbeständigkeit des Passats.

Ein gutes Stück New York:»Ein Stück Wall Street für Sie? ... *und das in Berlin*!« Columbus Capital Vermögensanlagen logiert nicht in New York, sondern an der *Wall*straße 59 in Berlin-Mitte.

»Machen Sie kurzen Prozess, *bevor es Ihre Kunden tun*.« IntraWare, First in E-Management, stellt nur eine – überraschende – Frage der Zeit.

PriceWaterhouseCoopers reiht in einer Bildergalerie zahlreiche Mitarbeiter auf. Die arbeiten nicht. Die frönen ihrem Hobby – von der Balletttänzerin bis zum Mountainbiker:»Könnte man sich mit einem dieser Mitarbeiter ernsthaft über Fragen des E-Business unterhalten? Nicht mit einem. *Mit allen*.«

Harald Schmidt witzelt in einer TV-Show über den einen Gitarristen der Rolling Stones:»Es gab sechs Jahre im Leben von Keith Richards, da hatte er keinen Alkohol, keine Drogen, keinen Sex – *danach wurde er eingeschult*.«

Alle diese Erfolgsbeispiele zeigen, wie in der Form (Überraschung) die charmante Wende zur nachhaltigen Verankerung des Inhalts liegt. Derart gewiefte Überraschungskünstler machen sich spracherfolgreich. So weit die Schokoladenseite der Überraschung.

Überraschungskünstler legen – wenn es denn erfolgsorientiert sein muss – mit Überraschungsangriffen los. Kurzum: Du überrumpelst andere, triffst diese wie ein Blitz aus heiterem Himmel. Überrumple dein Gegenüber – und du erzielst Willfährigkeit (»compliance«). Leute, die von einer Bitte überrascht werden, sind oft deshalb willfährig, weil sie im Augenblick der Überrumpelung verunsichert, gleichsam gelähmt und daher leicht zu beeinflussen sind. Benutzer einer U-Bahn sind prompt doppelt so häufig bereit, dir den Sitzplatz zu überlassen, wenn du sie überraschend mit den Worten ansprichst:»Entschuldigen Sie bitte, könnte ich wohl Ihren Platz haben?« Halb so wenige räumen ihren Sitzplatz, wenn du zuvor einem anderen Fahrgast gegenüber ankündigst, dass du jemanden um einen Sitzplatz bitten möchtest. Ohne Vorankündigung überlassen 56 % der überraschten und überrumpelten Passagiere willfährig ihren Sitzplatz, mit Vorankündigung nur gerade 28 %! Fazit: Überrumple deine Geschäftspartner mit einem Topangebot und sie können sich deiner Offerte kaum entziehen.

Erfolgstipp Nr. 47:
Menschenskind, vermenschliche

So sehr Anthropomorphismus als Fachbegriff ein Zungenbrecher ist, so erfolgreich verwenden wir bewusst oder unbewusst die Form der Vermenschlichung: Mein *Auto gehorcht* mir nicht. Oder gar romantischer: Der *Mond küsst* die träumende Erde. Oder Heirat unter Reichen: Da *kommt Geld* zum Gelde.

Anthropomorphismus bezeichnet die Übertragung menschlicher Gegebenheiten und Verhaltensweisen auf nichtmenschliche Dinge oder Wesen. Mit einer Vermenschlichung wird es möglich, dass Katzen kaufen, Wodkas sehen oder Ozeane beißen.

Whiskas wirbt für Katzenfutter mit »*Katzen* würden Whiskas *kaufen.*«

Moskovskaya legt mit einer Vermenschlichung Wert auf echten russischen Wodka: »Alle anderen *Wodkas haben Russland* nie *gesehen.*«

Und der Touring Club der Schweiz stellt die Bretagne in einem Reisebericht vor: »Wo *der Ozean* auf Granit *beißt.*«

Die Firma »home jumper« bietet einen Vor-Ort-Service bei Computerpannen; neckisch erkundigt sich »home jumper«: »Macht Ihr Computer mal wieder, was *er will?*«

»Einen guten Shakespeare auf der Bühne bespricht man nachher am besten bei *einem guten Franzosen.*« Der gute Franzose stellt nichts anderes dar als die vermenschlichte Form von Bordeaux-Weinen.

Die Migros verkauft Haushaltwaren mit: »Die *Migros bittet* zu Tisch.«

Erfolgstipp Nr. 48:
Sprenge Grenzen

Hardware bedeutet in aller Regel Computer-Hardware. So weit, so gut. Wechseln wir den Blickwinkel, eröffnen herkömmliche Begriffe völlig verblüffende Bedeutungsräume. Hardware könnte dann etwas ganz anderes als PC, Monitor, Printer oder Scanner bezeichnen. Was heißt denn schon »könnte«? Parmesan verkauft seinen Hartkäse tatsächlich unter der Bezeichnung »Hardware«!

Sprenge also herkömmliche Grenzen zwischen sprachlichen Zeichen und der außersprachlichen Wirklichkeit. Begriffe schaffen urplötzlich einen anderen – reizvollen – Bezug zur Wirklichkeit. In diesem Trick steckt ein Erfolg versprechendes Potenzial. Genial Grenzen gesprengt haben diese Firmen:

»Möchten Sie eins an die Ohren?« Haue mit der Hand? Keine Bange. Ohrfeigen werden keine ausgeteilt. Ericsson bezieht die Aussage auf Mobiltelefone.

»Bis dass der Tod uns scheidet.« Das Eheversprechen in der Kirche? Levi's sprengt Grenzen und kommuniziert mit dieser Aussage erfolgreich die Qualität ihrer Jeans.

»Der Stoff, aus dem die Träume sind.« Liebe, Urlaub oder andere Trauminhalte? Für Packard sind es Träume aus Stoff: Packard-Hemden.

»Wir kämpfen täglich für mehr Intoleranz.« Wer denkt da nicht an Menschenrechte? In der Regel kämpfen Menschen für mehr Toleranz und weniger Intoleranz. Konstrukteure der Rücker AG entdecken und eliminieren mögliche Fehlertoleranzen bereits in der Entwicklungsphase von Automobilen und Fahrzeugen – und nicht erst in teuren Praxistests. Rückers Geschäft lebt von der Intoleranz. Intoleranz macht den Fortschritt sicherer.

119

»Nehmen Sie kein Aufputschmittel. Fahren Sie es.« Toyota wirbt nicht für Doping, sondern für den Roadster MR2 – und belebt die Sinne möglicher Käufer.

Ein Fink, ein Kater und ein Strauß

Dass die Politik manchmal der Tierwelt in einem Zoo gleicht, ist hinlänglich bekannt. Franz Josef Strauß hat in einer Bundestagsdebatte 1951 Grenzen zwischen der Tier- und Politikwelt rhetorisch gekonnt überwunden:»Es war gut von Ihnen, Herr Kollege *Fink*, dass Sie in Ihrer Rede den Kater Hidigeigei erwähnt haben, denn wir vermuten nicht mit Unrecht, dass mit dem Kater Hidigeigei unser Fraktionskollege *Kather* gemeint ist. Es ist aber für einen Finken nicht gut, mit einem Kater anzubinden. Wenn das überhaupt für einen Vogel möglich ist, dann muss er mindestens die Ausmaße eines *Straußes* haben.«

Erfolgstipp Nr. 49:
Eins, zwei, drei – und du bist dabei

Menschen entwickeln ihre Gedanken oft entlang einiger weniger Grundmuster. Wir unterscheiden sechs eingeschliffene Denkrinnen. Diese Denkrinnen der Menschen weisen in der Regel drei Gedankengänge auf.

Menschen sprechen und schreiben unbewusst entlang gängiger Denkrinnen. Nichts liegt näher, als diese gängigen Denkrinnen für die Gliederung unserer Botschaften zu nutzen.

Der Trick: Schreiben und reden wir so, wie die Menschen denken.

Schaubild 17: Denkrinnen der Menschen – Gliederung der Botschaften

Denkrinnen		Gedankengänge Schritt 1	Schritt 2	Schritt 3
Sequenz	1	Gestern	Heute	Morgen
	2	Merkmale	Vorteile/ Pluspunkte	Gewinn/ Nutzen
Analyse	3	Tatsachen	Gründe	Folgen
	4	Ausgangslage (Ist)	Ziele (Soll)	Maßnahmen
Argumentation	5	These	Antithese	Synthese
	6	Allgemeines	Besonderes	Folgerungen

Verhandle, spreche und schreibe entlang gängiger Denkrinnen

Die beiden folgenden Beispiele zeigen, wie erfolgreiche Kommunikatoren sich in die Denkrinnen und damit in die Herzen der Kunden verhandeln, sprechen, schreiben:

Ein erstes Erfolgsbeispiel greifen wir mit der Denk- und Erfolgsrinne 1 »Gestern/Heute/Morgen« auf. Mike Quinlan von McDonald's spricht, wie Menschen weltweit denken: »We're going to hit 20.000 McDonald's restaurants by the end of 1996. In the year 2000, we're going to have 30.000. Beyond that, even we can't predict ...«

Als rhetorisches Gewürz ist die Zeit ohnehin beliebt. Morgen: Da können Sie sich nach Herzenslust irren, ohne dass der Irrtum zu bemerken wäre. Zudem ist an der Bedeutung des Themas kein Zweifel erlaubt, da uns irgendeine Zukunft allemal bevorsteht. Gestern: Was interessieren mich heute die Aussagen von gestern. Die Zukunft drängt.

Das zweite Erfolgsbeispiel stammt aus dem Munde Warren Buffetts, drittreichster Mann auf Erden. Warren Buffett beherrscht die Kunst der Denkrinne 5 »These/Antithese/Synthese« hervorragend: »Most investors cannot resist the temptation to constantly *buy* (These) and *sell* (Antithese). Much success can be attributed to *inactivity* (Synthese).«

Ich fordere dich auf und heraus: Denke entlang dieser sechs Denkrinnen; so gewinnen deine Gedanken an Klarheit und Folgerichtigkeit. Gieße, stähle und erhärte deine Gedankenwelt in diesen sechs Denkformen. Dann aber verhandle, spreche und schreibe konsequent entlang der gewählten Denkrinnen. Und du wirst erkennen: Verhandeln, Sprechen und Schreiben in gängigen Denkrinnen ist das A und O deiner Erfolgssprache.

Erfolgstipp Nr. 50:
Mach's spannend

TV-Sportmoderator Reinhold Beckmann wendet sich mit einem clever angesetzten Timing an das Publikum:»Eine gute und eine schlechte Nachricht habe ich. Die schlechte:Tennisstar Steffi Graf kann heute nicht mein Gast sein. *Die gute Nachricht ... gleich nach der Werbung.* Bleiben Sie dran.« Mit diesem Spannungsbogen im Zeitlauf schalten die Fernsehzuschauer kaum ab. Sie bleiben dran, weil sie wissen wollen, was hinter der guten Nachricht steckt.

Damit Spannung entsteht, braucht es weder Schüsse noch Leichen. Die Sportredaktion der NZZ erzeugt am 9. August 2000 Spannung, indem sie die Katze nicht schon zu (Satz-)Beginn aus dem Sack lässt.»Die schrecklichste Strafe, die einem Spieler der AC Milan widerfahren könnte, schlimmer als Platzverweis oder Steuerbuße, unerträglicher als ein Muskelriss oder das Gerücht von der Untreue der Geliebten, wäre die Nachricht von der *Rückkehr Arrigo Sacchis.*« Wer so schreibt, macht Sportjournalismus spannungsgeladener als viele Fußballspiele auf dem Rasen. Für Nicht- und Antifußballer: Arrigo Sacchi, der Revolutionär unter den italienischen Trainern, der Feuerkopf mit Glatze, hat sich einzig mit seinem Entdecker, dem Milan-Präsidenten Silvio Berlusconi zum Nachtessen getroffen.

Literaturpapst Marcel Reich-Ranicki macht gar Buchbesprechungen zu einem aufregenden Ereignis. Aufgrund eines Spannungsbogens erfährt die Leserschaft erst am Ende, wessen Werk denn hier gewürdigt wird:»Sein Werk kennt keine Sieger, alle Meutereien sind gänzlich nutzlos, stets werden nur Niederlagen gezeigt. Und doch steht in diesem Universum, inmitten von Scheiternden, einer, dessen Rebellion nicht vergeblich war, dessen heroischer Kampf, nehmt alles nur in allem, einem wahren Triumph gleichkommt. Aber der da immer ›in die entgegengesetzte Richtung‹ ging, der rebelliert und gesiegt hat, ist kein Geschöpf des Autors, er selber ist es, er, *Thomas Bernhard.*«

Erfolgstipp Nr. 51:
Bessere nach – stets zu deinen Gunsten

Panta rhei – alles im Fluss. Die Entwicklung – die Geschwindigkeit des gesellschaftlichen Wandels – überschlägt sich und über-
holt bislang gültige Gesetze und Aussagen. Zwangsläufig bessern
Menschen wie du und ich unsere Ansichten zu Gott und der Welt
ständig etwas nach. Nachbesserung bezeichnet die Einfügung
eines einzelnen oder mehrerer Begriffe in der Absicht, der ursprünglichen Botschaft eine »aktualisierte« Bedeutung zu verleihen. Das tat schon Mohammed.

Das Weinverbot im Koran

Wusstest du, dass der Genuss des edelsten aller edlen Getränke –
des Weins – im Koran ursprünglich erlaubt war? Aber der Reihe
nach: Nachbesserung – Fachleute sprechen von »Abrogation« – ist
ein wichtiger Kniff in der Auslegung des Korans. Dieser Kniff beruht auf Vers 2,106 des Korans: »Wenn wir einen Vers tilgen oder
vergessen machen, so bringen wir einen, der besser ist als er oder
der ihm gleichkommt.«

Wann aber sieht sich Gott veranlasst, eine solche Selbstkorrektur
vorzunehmen? Da ist einmal der praktische Verlauf von Moham-
meds Tätigkeit, die, nachdem er in Medina an die Spitze eines
ständig wachsenden Gemeinwesens getreten war, immer stärker
gesetzgeberische Entscheidungen erforderte; zum anderen ergab
sich aus der neuen Rolle des Propheten die Notwendigkeit stren-
gerer disziplinarischer Zucht. Allmählich wurden mittels Nachbesserung härtere Strafen und Verbote erlassen. Ingesamt vier
Nachbesserungen brauchte es, um im Koran das Weinverbot zu erlassen:

(a) *Ein Weinverbot bestand zunächst nicht*, denn ein früher Vers nennt den Wein unter Dingen, die Gottes Fürsorge für den Menschen erkennen lassen, wie Milch, Honig und dergleichen:»Und wir geben euch von den Früchten der Palmen und Weinstöcke, woraus ihr euch einen Rauschtrank macht.« (16,67)

(b) *Eine erste Einschränkung* erfolgte mit Vers 2,219:»Man fragt dich nach dem Wein und dem Losspiel. Sprich: In ihnen liegt eine große Sünde und Nutzen für die Menschen; doch ihre Sünde ist größer als ihr Nutzen.«

(c) Da aber einige Gläubige weiterhin häufig angeheitert oder gar betrunken zum Gebet erschienen, wurde *nun ausdrücklich diese Unsitte untersagt*:»O ihr, die ihr glaubt! Kommt nicht betrunken zum Gebet, bis ihr wisst, was ihr sprecht.« (4,43)

(d) Schließlich aber erfolgte die *völlige Verurteilung des Weingenusses* mit den Worten:»O ihr, die ihr glaubt! Der Wein und das Losspiel und die Opfersteine und die Glückspfeile sind ein Gräuel, vom Teufel gemacht! Meidet es, auf dass es euch wohl ergehe. Der Satan will euch ja nur in Feindschaft und Hass um Wein und Losspiel stürzen und euch abhalten vom Gedenken Gottes und vom Gebet. Wollt ihr denn nicht damit aufhören?!« (5,90–91)

In solchen Fällen, wo verschiedene göttliche Verlautbarungen sich widersprechen, gilt jeweils der zuletzt geoffenbarte – nachgebesserte – Vers des Korans.

Napoleon ist ein Schwein

In George Orwells Fabel»Farm der Tiere« erklären die Schweine allen anderen Tieren, dass es ihnen im Verlauf ihres dreimonatigen Studiums gelungen sei, die Prinzipien des Animalismus auf wenige Grundsätze zu reduzieren. Alle Tiere hätten künftig danach zu leben – schließlich drohen von außen Angriffe der bösen Menschheit auf die Farm der Tiere. Ein Schwein liest die Grundsätze im Kampf gegen die Bosheit der Menschen laut vor. Alle Tiere nicken. Völlige Zustimmung herrscht. Und die schlaueren beginnen sogleich, die Gebote – zu Übungszwecken folgt eine Auswahl – auswendig zu lernen:

1. Kein Tier soll in einem Bett schlafen.
2. Kein Tier soll Alkohol trinken.
3. Kein Tier soll ein anderes Tier töten.
4. Alle Tiere sind gleich.
5. Vierbeiner gut, Zweibeiner schlecht!

Nach und nach erlangen Napoleon, der Eber, und mit ihm die Schweine die Herrschaft über die anderen Tiere. Folgerichtig lässt Napoleon die Grundsätze mit einigen wenigen Schlüsselworten nachbessern – Abrogation zu seinen Gunsten, zugunsten aller Schweine, zugleich zuungunsten aller anderen Tiere.

1. Kein Tier soll in einem Bett *ohne Leintuch* schlafen.
2. Kein Tier soll Alkohol *im Übermaß* trinken.
3. Kein Tier soll ein anderes Tier *grundlos* töten.
4. Alle Tiere sind gleich, *aber einige sind gleicher.*
5. Vierbeiner gut, Zweibeiner *besser*!

Napoleon bessert die überholten Gesetze so nach, dass es den Schweinen erlaubt sei, den Menschen gleich aufrecht auf zwei Beinen zu gehen, in einem Bett mit Leintuch zu schlafen, maßvoll Alkohol zu trinken und gar unliebsame Tiere mit jedweder Begründung auszuschalten. Kurzum: Napoleon nutzt die Nachbesserung, um den Schweinen Vorrechte einzuräumen. In diesem Sinne gleicht jede Nachbesserung einigen Drehungen eines Schraubenziehers zugunsten desjenigen, der den Schraubenzieher führt. Sieh also zu, dass du bei Nachbesserungen am Drücker bist.

Erfolgstipp Nr. 52:
Jongliere mit Worten

Schöpfe neue Worte – beispielsweise durch Wortverbindungen. Sprachschöpfung führt zu treffenden Bezeichnungen wie *»nasenweich«* und *»schnäuzfest«* für Tempo-Taschentücher.

Die Firma »Windwärts Energie GmbH« versorgt mit sieben Windenergieanlagen 15.000 Menschen: »*air*staunlich.«

»Aktien« ist ein Wochenmagazin mit Profianalysen für Privatanleger: »Donners*dax* wissen Sie mehr.«

Der Internetzugang von World Online und Shell heißt »12move« (übrigens als Zahlenspiel »one-to-move« ausgesprochen): »Das ist ja inter*nett*. Das ist ja inter*leicht*.« Kinderleicht kommt die wortschöpfende und dadurch wertschöpfende Erfolgssprache daher.

Schöpfe aus dem Vollen: Sprachschöpfung liegen pfiffige Ideen zugrunde. Und schon werden die Trainingsmethoden des Otto Rehhagel, machtbewusster Feldherr bei verschiedenen Fußballteams, kuzerhand zur »*Ottokratie*« erhoben.

Angesichts des Snowboard-Booms bringen besorgte Sportjournalisten die nachlassende Anziehungskraft der Skirennen mit einem passenden Wortspiel aufs Tapet: »*Sind Weltcup-Rennen Schnee von gestern?*«

Sprachfreude weckt auch der Spruch über Luxusgüter – vom Leibchen mit dem Krokodil bis zur Qualitätsuhr: »Was *lacostet* die Welt – Geld spielt keine *Rolex*.«

ORF puscht mit einem englisch-deutschen Wortspiel den eigenen Internetauftritt: »Zukunft von ihrer besten *Site*.«

»Heimweh kennt jeder. Aber *Hotelweh?*« So heißen Four-Seasons-Hotels ihre Kunden willkommen.

Ein Big Mac schmeckt auf der ganzen Welt wie ein Big Mac: »*Ham*burger als *Welt*burger« (Wirtschaftszeitung Cash über Mc-Donald's). Wenn wir schon beim Essen sind: Angenommen, du bist eingeladen und darfst ein absolut exzellentes Menü genießen. In Abwandlung des bekannten Gebetes »Vater unser im Himmel, unser *tägliches* Brot gib uns *heute*« lobst du die Gastgeber(in) mit dem genialen Wortspiel »Vater unser im Himmel, unser *heutiges* Brot gib uns *täglich*«. Und schon fliegen dir die Herzen zu.

Verstoße und verletze bestehende Sprachregeln, insoweit und insofern diese mit der leidigen neuen Rechtschreibung überhaupt noch gelten: Wenn Mütter und Väter Windeln wollen, begegnen sie etwas so Verwirrendem wie diesen trocken bleibenden, mit bequemerem Beinabschluss und elastischem Bund ausgestatteten, zweifach beschichteten Maxi-, Mini-, Midi-maxi-, Mini-midi-Varianten. Sogar in verschiedenen Farben gibt es sie jetzt – rosafarbene für Mädchen, blaue für Jungen! Ich bitte dich: Ist das nicht ein bisschen »*Zuvielisation*«?

Der Teppichdiscounter von nebenan – einer unter vielen – fällt auf, indem er gegen Sprachregeln verstößt. Er verspricht »*attraktiefe*« Preise.

»*Ihrmarktplatzfürneuundgebrauchtwagen*«, zieht *www.autoeuro.de* – einer zügigen Autofahrt gleich – entgegen aller Rechtschreibregelung in einem Wort durch. Mit der Zusammenschreibungschafftderautohändleraufmerksamkeitundhängtdiekonkurrenzab.

Revolutionär gibt sich Volvo: »Re*volvo*lutionär«.

Von wegen knochentrockenen Bankern – mitnichten, denn Finanzinstitute schaffen immer wieder sehr gelungene Bezeichnungen insbesondere für Fondsprodukte. Das Flaggschiff der Privatbank Sarasin aus Basel heißt »*Globalsar*« – eine ebenso ideenreiche wie überzeugende Neukreation aus »Global«, »Bâle«, »Basar« und »Sarasin«.

128

Stilübung der schöpferischen Art

Sprachschöpfungen machen Texte zu einem Erlebnis. Nehmen wir eine alltägliche Geschichte aus Paris:»Im Autobus der Linie S, zur Hauptverkehrszeit. Ein Kerl von etwas 26 Jahren, weicher Hut mit Kordel anstelle des Bandes, zu langer Hals, als hätte man daran gezogen. Leute steigen aus. Der infrage stehende Kerl ist über seinen Nachbarn erbost. Er wirft ihm vor, ihn jedes Mal, wenn jemand vorbeikommt, anzurempeln. Weinerlicher Ton, der bösartig klingen soll. Als er einen leeren Platz sieht, stürzt er sich drauf. Zwei Stunden später sehe ich ihn an der Cour de Rome, vor der Gare Saint-Lazare, wieder. Er ist mit einem Kameraden zusammen, der zu ihm sagt:›Du solltest dir noch einen Knopf an deinen Überzieher nähen lassen.‹ Er zeigt ihm wo (am Ausschnitt) und warum.«

Raymond Queneau, seines Zeichens Meister aller Stilübungen – macht aus dieser absolut banalen Alltagssituation ein wortkompositorisches Glanzstück:»Ich autobusplattformte mit-mengenähnlicherweise in einem lutecio-meridionalen Zeitraum und nachbarlichte mit einem langhalslichen, rotznasigen Kordelumdenhutgetüm. Selbiges sagte zu einem Irgendanonym:›Sie anrempel-scheinen mich.‹ Dies ausgestoßen, freiplatzte es sich gierig. In einer späteren Raum-Zeitlichkeit sah ich es wieder, wie es mit einem X saint-lazarierte, der zu ihm sagte:›Du solltest deinen Überzieher knopfvervollständigen.‹ Und er warumerklärte ihm die Sache.«

Liebe Leserin, lieber Leser: Das kannst auch du. In meinen Kursen»Sprache als Erfolgsfaktor im Verkauf« übertraf ein Kursteilnehmer namens Duke Seidmann – in seinem Geschäft ein Meisterverkäufer – den Meister Raymond Queneau:»Im Kollektivbeförderer während des allwiederkehrenden Berufshinundhergewusels: Ein hodenbewehrter Doppeldreizehnjährling mit Filzhaardeckel – woran ein Bimbelbambel den Bundbindeler trefflich remplatzierte – flobonkert mit seinem Nächstling, der ihn permös berumpelt und das repitat dann, wenn ein Mitvojaschender sich vorbeikrimmt. Schlobochzend der Klong der Stomme, die wohl knogressiv klongen soll. Kaum entfreit sich ein Sitzling, schlawandert er drauf. Keine zwei Ührlinge später erkuck ich ihn an der Cour de Rome. Er ist mit einem Herzfreubindling zusammen, der ihm veröffnet, er solle sich doch noch ein Hartlochfüllsel an die Volldeckmatte knippern lassen. Er zeigt ihm wo (an der Einblickkuppe) und warum.«

So weit kannst auch du es bringen. Wortschöpfungen sind Ausdruck einer entwicklungsoffenen Sprache. Mit neuen und/oder seltenen Wortschöpfungen gelingt es dir, Staunen auszulösen und Aufmerksamkeit zu erregen – sei es bei Kunden oder Kollegen. Unabdingbare Voraussetzung für erfolgswirksame Wortschöpfungen – ein ganz und gar kreativer Akt – ist ein spielerischer, ja liebevoller Umgang mit dem Wort-Schatz. Letzterer endet nie in einem Selbstzweck, endet nie in der Verballhornung beliebiger Worte. Die Pflege des Wort-Schatzes – über Raymond Queneau und Duke Seidmann bis zu dir – beginnt mit Sprachfreude, Sprachpflege und Sprachwitz. Jede spracherfolgreiche Wortschöpfung zahlt sich in einer Wertschöpfung aus: Du gewinnst mehr Freude und Freunde, du schaffst mehr Wachstum und Ertrag.

Erfolgstipp Nr. 53:
Mach dir deinen Reim drauf

Die Lust am Dichten bleibe nicht etwa Goethe und Schiller vorbehalten. Du bist aufgefordert, einprägsame Formeln in Reimform zu finden. Warum? Der Reim bringt oft in gebotener Kürze die Kernbotschaft auf den Punkt – wie Toyota mit »*Einer* ist *meiner*«, Shell mit »*Go well*. Go *shell*«, Migrol Greenlife Diesel mit »Weniger *Gase* pro *Nase*« oder die Schweizerischen Bundesbahnen mit »Der *Kluge* reist im *Zuge*« beweisen.

Bekannt und beliebt ist der Reim: »Mars macht *mobil*, in Arbeit, Sport und *Spiel*.«

Edmund Stoiber, Ministerpräsident in Bayern, spricht deutlich in Versform: »Mir *stinken* die *Linken*.«

Brain Force-Software entwickelt die Portal-Technik als leistungsfähiges Content-Management-System: »B2*B* or not to *be*.« (B2B = Business to Business).

Und der Zusammenschluss der französischen Aerospatiale Matra, der spanischen CASA und der deutschen DaimlerChrysler Aerospace zur European Aeronautic Defence and Space Company, kurz EADS, setzt wettbewerbsfähige Maßstäbe für künftige Erfolgprogramme: »Erst werden wir *eins*. Dann Nummer *eins*.«

Wer sich für die Tragepflicht von Sicherheitsgurten einsetzt, reimt einprägsam mit einem hohen Erinnerungswert: »Mit Gurten *fahren* hilft Leben *bewahren*.« Doch alle Hobbydichter aufgepasst: Abstoßend wirken holprige Reime. Zum Beispiel: »Schnall dich an, der Sarg ist *enger*, angegurtet lebst du *länger*.« Solche Reime mögen an Familienfesten mit lauter lieben und netten Menschen noch angehen. In der Öffentlichkeit hat eine derart geschmacklose Dichterei nichts zu suchen – zum Vorteil und Schutz des Publikums – und des Hobbydichters.

Erfolgstipp Nr. 54:
Erhöhe die Schlagkraft mit Stabreimen

*M*ilch *m*acht *m*üde *M*änner *m*unter. Die Wirkung dieser mittlerweile festen Redewendung kommt durch die Wiederholung der gleichen Laute oder Silben in mehreren aufeinander folgenden Worten, besonders im Wortanlaut, zustande. Im Stabreim beginnen mehrere Wörter mit denselben Lauten oder Silben. Auf dieser Grundlage bauen missliebige Chefs ihre berühmte 10-A-Methode auf: »*A*lle *a*nfallenden *A*rbeiten *a*uf *a*ndere *a*bwälzen, *a*nschließend *a*nsch …, *a*ber *a*nständig.«

Unternehmen »komponieren« Stabreime, um ihre Produkte erfolgreicher an den Kunden zu bringen:

»*B*itte ein *B*it« (Bitburger Bier)
»*B*ulle kauft *B*är« (Wirtschaftszeitschrift »DM«)
»*F*arbwelt *F*ilme« (Kodak)
»*F*euer und *F*lamme für Propangas« (Esso)
»*F*reude am *F*ahren« (BMW)
»*M*ars *m*acht *m*obil« (Mars Incorporated)
»*M*it *M*icky *M*äuse *m*achen« (Geo Special-Zeitschrift »Florida«)
»*O*ppenheim *O*ptionsscheine« (Sal. Oppenheim jr. & Cie.)
»*P*artner für *P*rofessionals« (BHF-Bank)
»*St*ein auf *St*ein« (Lego)
»*T*ag für *T*ag neue Lebenskraft« (Helena Rubinstein)
 »*W*erden Sie *W*irtschafts-*W*eiser« (Focus-Money, Wirtschaftsmagazin)
»*W*imper für *W*imper unendlich lang« (Lancôme)
»*Z*weiundzwanzig *Z*entimeter *Z*ärtlichkeit« (J. M. Simmel, Buchtitel)

Neue Märkte

Am Neuen Markt drängen interessante Kandidaten an die Börse. Die Zeitschrift »DM – Geld, Wirtschaft, Internet« setzt die Titelstory in drei gelungene Stabreime: *K*urven, *K*urse, *K*apriolen. *K*onzepte, *K*äufer, *K*andidaten. *K*ämpfer, *K*onten, *K*apital.

Würziges Weib

Einer Frau mag ich's von Herzen gönnen, den Partner fürs Leben gefunden zu haben. Denn dieser Frau ist ein Musterbeispiel, ja das Meisterstück eines Stabreims gelungen (Kontaktanzeige in der Wochenzeitung »Die Zeit«): »*W*armherziges, *w*idersprüchliches, *w*ürziges *W*eib *w*ünscht *w*eniger *W*ackelkontakte & *w*ürde *w*egen *w*ahrnehmungsfähigem, *w*itzigem, *w*onnigem *W*alzertänzer *w*omöglich *w*er-*w*eiß-*w*as *w*agen. *W*ohlan! *W*arum *w*arten?«

Mit der bündigen Betonung derselben Anfangsbuchstaben verstärkst du die Wirkung deiner Aussage. Sobald du die genannten Beispiele mal ohne Stabreim zu texten versuchst, verlieren die Sätze sofort an Schlagkraft. Natürlich wünschen Kenner Berentzen Apfelkorn, denn Kenner machen nie Kompromisse. Dieser Slogan haut niemanden vom Stuhl. Hingegen wirkt ein Stabreim auf Kunden ungleich spritziger: »*K*enner *k*ennen *k*eine *K*ompromisse«. Prosit auf den gelungenen Stabreim – vorzugsweise mit einem Berentzen Apfelkorn.

Erfolgstipp Nr. 55:
Kürze ab – mit Bedacht

Wie lange dauert es noch, bis jeder *CEO* ein *ZEV* sein Eigen nennt? Wer Abkürzungen nicht erklärt, gewinnt kaum Zeit. Früher oder später holt ihn die Wirklichkeit ein. Mit nicht bekannten respektive nicht erklärten Abkürzungen schließt du Zuhörer aus. Darum prüfe, welche Abkürzungen du verwendest. Beispiel Börsenneulinge: *IPO* eröffnet Tausenden von jungen Unternehmen die Möglichkeit, sich über einen Börsengang zu finanzieren und ihre Businesspläne in die Tat umzusetzen. Wetten, dass *IPO* – bis das Buch veröffentlicht ist – der Allgemeinheit bereits als »Initial Public Offerings« vertraut ist? Übrigens: *CEO* bedeutet Chief Executive Officer (Vorsitzender der operativ tätigen Geschäftsleitung), *ZEV* heißen die »Zero Emission Vehicle« (Autos ohne Abgase).

Wer neue Abkürzungen schafft und sich gemeinsam auf eine Formel verständigt, kann ein Wir-Gefühl erzeugen: Wir kennen die Abkürzung, wir gehören zusammen. Templeton beteiligt sich am Wachstum amerikanischer Spitzenwerte und nennt seine Investmentstrategie »*GARP*« – »*G*rowth *a*t a *r*easonable *p*rice«. Templeton-Kunden gehören zusammen. Es sind die wachstumsfreundlichen und zugleich preisvernünftigen Kunden. – Eine wachsende Zahl von Unternehmen wird künftig standardisierte IT-Anwendungen nicht mehr wie bisher selbst kaufen und betreiben, sondern via Internet als Dienstleistung bei einem spezialisierten Anbieter – einem Application Service Provider (ASP) – beziehen. Auf den Punkt gebracht heißt, die entsprechende Losung: »Mit *ASP*irin gegen IT-Kopfschmerzen.«

Megatrends rufen Abkürzungen hervor. Nichts ist praktischer als eine Abkürzung, die alle Facetten eines Megatrends in einem Wort auf den Punkt bringt: »*Yuppies*« heißt die Zielgruppe der »Young Urban Professional People«, »*Milkies*« steht für »Modest Intro-

verted Luxury Keepers«,»*Menties*« für »Mental Jogging People«,
»*Dinks*« für »Double income, no kids« und »*Tins*« für »Two in-
comes, no sex«.

Gewisse Begriffe haben sich bereits derart eingebürgert, dass die
Abkürzung schon gar nicht mehr als solche erkannt wird: Hinter
der Abkürzung »*smog*« verstecken sich die Begriffe »smoke«
(Rauch) und »fog« (Nebel).

»*Motel*« ist die Abkürzung von »moto« und »hotel«.

»*Brunch*« ist der Mix aus »breakfast« und »lunch«.

»*Stagflation*« ist die Abkürzung von »Stagnation« (verlangsamtes
Wirtschaftswachstum) und »Inflation« (Teuerung, Kaufkraftver-
lust).

Besonders witzig – vor allem, wenn die Konkurrenz ins Visier genommen wird – ist die Bildung von Wörtern oder Sätzen mit den
Anfangsbuchstaben von Wörtern oder Sätzen: Alitalia bedeutet in
englischer Verballhornung »*A*lways *L*ate *I*n *T*aking-off. *A*lways
*L*ate *i*n *A*rriving«. Die belgische Tochter der SairGroup namens
Sabena deutet auf Unheilvolles hin: »*S*uch *a b*ad experience *n*ever
*a*gain.« Und *Tap*, die portugiesische Fluggesellschaft, wird wenig
schmeichelhaft mit »*T*ake *a*nother *p*lane« abgekürzt.

Telekommunikations-Ass Deutsche Telekom geht die Megamärk-
te des 21. Jahrhunderts mit der einprägsamen Formel »Times« an:
»*T*elekomunikation, *I*nformationstechnologie, *M*ultimedia, *E*nter-
tainment, *S*ystemlösungen«. Die Anfangsbuchstaben T-I-M-E-S
dienen als hilfreiche Eselsbrücke, um die Botschaft schnell und
gründlich rüberzubringen. Die Anfangsbuchstaben stellen eine
Gedächtnishilfe dar, um das Erinnerungsvermögen zu verbessern.
Darin besteht der wirksame Zaubertrick.

»*SIE*« heißt der »*S*chroder *I*talian *E*quity A«-Fonds, zugleich
steckt die Formel »*S* wie Sieger, *I* wie Investition und *E* wie Ergebnis« dahinter. Clever gemacht von den Schroders!

Buchstabenspiele erheitern ebenso wie Wortspiele. Stellen Sie einzelne Buchstaben um. Drehen und wenden Sie Buchstaben spielerisch mit der Aussicht auf gelungene Wortspiele: *Fl*ower Power, *Ur*laub ist *Kur*laub, Leh*r*stuhl als Leh*n*stuhl, *K*onsens statt *N*onsens, *R*evolution statt *E*volution, *F*orm statt *N*orm, We*bb*ewerb statt We*tt*bewerb oder im Kaufhaus *S*paradies statt Paradies.

Unternehmen setzen das Buchstabenspiel in spritziger und spitziger Art und Weise ein:»*Spr*internet« (Arcor, Mannesmann),»Sieger-U*hr*kunde« (Swatch),»Traum*r*eisen zu Traum*p*reisen« (Vögele Reisen),»Reifen, die g*r*eifen« (Bridgestone),»Weil Gesundheit auch Hau*t*sache ist« (Vichy Laboratoires),»*B*estgeld statt *F*estgeld« (Commerzbank),»*r*etail is *d*etail« (Ikea-Gründer Ingvar Kamprads Geheimnis für seinen Erfolg im Einzelhandel),»schre*IBM*aschinen« (IBM),»*Pl*astic is *Fant*astic« (Kunststoffspezialist Röhrig High Tech Plastics),»*K*now-how-*n*ow« (Finanzanalysten Goldmann Sachs),»*D*aten statt Worte« (Tristar Technology, Datensicherheit für Banken). Der Zillertaler Peter Habeler versucht, den Everest ohne Sauerstoff zu besteigen; das Magazin»News« titelt:»Traum*(a)* am Mount Everest«. SAP bescheidet sich mit»It*'S A P*art of your life.« Die italienische Telekommunikationsgruppe TIM macht mit»*Stim*ulate« weltweit mobil.

Zu den Buchstabenspielen gehören Anagramme als besondere Variante. Ein Anagramm bezeichnet die Umstellung der Buchstaben eines Wortes zu einem anderen Wort mit neuem Sinn:»*Ave* zu *Eva*«,»*Roma* zu *Amor*«.

Euwax – European Warrant Exchange – stellt Worte um – und zieht Kunden an:»Euwax … *macht Markt, Marktmacht* zieht an!«

In Schönheitswettbewerben werden die Karten oft schon vor dem Anlass gemischt:»Wer Siegerin wird, ist *(k)ein* Geheimnis.«

Deutsche Konsumenten pathologisch dumm?

Tatsächlich entscheiden auch im Wettbewerbsrecht einzelne Buchstaben – jedenfalls vor der deutschen Gerichtsbarkeit. So musste auf Geheiß eines deutschen Gerichts *»Alcantra«*, ein Kunstleder aus München, verschwinden, weil es mit der Modemarke *»Max Mara«* leicht zu verwechseln sei, und zwar wegen der Anhäufung des Vokals A … Kritiker haben schon damals ironisch darauf hingewiesen, dass die Richter wohl niemals, jedenfalls nicht mit offenen Augen und Ohren, in Spanien Ferien gemacht hätten, denn das Spanische zeichne sich durch eine ihm eigene Anhäufung des Vokals A aus. Selbst Schiller wusste um diese Verknüpfung, lässt er doch in *»Wallensteins Lager«* einen spanischen Kapuziner namens *»Abraham a Santa Clara«* auftreten, einen Mann mit insgesamt acht A im Namen. Ob eine Marke verwechslungsfähig und irreführend ist, beurteilt das deutsche Recht aus dem Blickwinkel eines *»flüchtigen, unaufgeklärten Verbrauchers«*, sodass schon ein Irrtum bei 10 % bis 15 % der Bevölkerung zum Verbot der angeblich verwechslungsfähigen und irreführenden Marke *»Alcantra«* geführt hat. Grotesk, gewiss: Genüsslich könnten wir uns jetzt darüber auslassen, in den Augen deutscher Richter seien die deutschen Konsumenten pathologisch dumm. Glücklicherweise hat das europäische Markenrecht diesem Spuk ein Ende bereitet. Heute bestimmt der Europäische Gerichtshof zum Markenrecht für die ganze EU, dass auf den *»durchschnittlich informierten, aufmerksamen und verständigen Durchschnittsverbraucher«* abzustellen sei. Demzufolge könnte die Marke *»Alcantra«* wieder eingeführt werden – wohlverstanden gegenüber Max Mara als nicht verwechslungsfähig und nicht irreführend. So dumm lassen wir uns als Konsumenten denn doch nicht verkaufen.

Erfolgstipp Nr. 57:
Warte. Warte. Warte. Und gewinne

Wie deine Sprache gleichermaßen an Gehalt und Gestalt gewinnt? Nimm dir ganz einfach das, was heute niemand mehr zu haben vorgibt: Zeit, Wartezeit. Beachte die Drei-Sekunden-Erfolgsregel der Verhandlungskunst:

> Du stellst eine Frage.
> Du *wartest* drei Sekunden.
> Du nimmst die Antwort entgegen.
> Du *wartest abermals* drei Sekunden.
> Dann erst sprichst du weiter.

Hand aufs Herz: Dir kommt die Wartezeit von drei Sekunden wie eine Ewigkeit vor. Du hältst diese Zweimal-drei-Sekunden-»Warterei« in Besprechungen und Verhandlungen kaum aus. Und was machst du – mehr der Gewohnheit als der Vernunft gehorchend – in der Hitze des Gefechts weiterhin? Du richtest in Verhandlungen deine Fragen an (einen) Gesprächspartner. Ungeduldig wartest du keine Sekunde. Wenn die Antwort nicht prompt kommt, richtest du (1) entweder die Frage an einen anderen bzw. bestimmten Gesprächspartner, (2) du wiederholst die Frage ungeduldig oder (3) du gibst die Antwort gleich selbst.

Nun will ich mich ja nicht zur Behauptung hinreißen lassen, ich würde die Drei-Sekunden-Regel stets einhalten. Denn die Wartekunst geht in der Hektik meist unter. Noch und noch verletzen insbesondere Manager diese Regel. Nichtsdestoweniger sei dir geraten: Gönne dir in Besprechungen öfters mal eine Pause – allerdings mit System. So könntest du schon bald zu den erfolgreichen Rhetorikern gehören.

Du wartest mindestens drei Sekunden – zum einen nach der Fragestellung und zum anderen nochmals nach dem letzten Wort des

Gesprächspartners. Hältst du die Drei-Sekunden-Erfolgsregel ein (selbstverständlich musst du diese mit den Gesprächspartnern vorher vereinbaren), erreichst du in kürzerer Zeit weit bessere Gesprächs- und Verhandlungsergebnisse:

1. Du selbst und deine Gesprächspartner bilden sprachlich gepflegtere, häufiger auch vollständige Sätze.
2. Du selbst und deine Gesprächspartner verbessern die Logik in der Argumentation und im Gedankengefüge.
3. Du selbst und deine Gesprächspartner denken mehr und intensiver nach.
4. Du erhältst mehr Fragen und Anregungen von Gesprächspartnern, die ohne die Drei-Sekunden-Regel nicht mitmachen.
5. Die Diskussion unter den Gesprächspartnern erfolgt sachbezogener.
6. Du erhältst auf deine Frage merklich mehr Antworten.
7. Du erhöhst die Motivation der Gesprächspartner.
8. Es antworten nicht immer die gleichen Gesprächspartner. Mauerblümchen, Außenseiter und Zurückhaltende beteiligen sich häufiger.
9. Die Gesprächspartner gewinnen mehr Sicherheit und Selbstvertrauen zu ihren eigenen Antworten und Lösungen.
10. Und jetzt der Höhepunkt für alle Performance-Freaks: Gespräche mit der Drei-Sekunden-Erfolgsregel sind den Gesprächen ohne Drei-Sekunden-Regel deutlich überlegen – inhaltlich wie auch zeitlich. Wartezeit ist keine verlorene Zeit. Wartezeit ist eine Investition in bessere Resultate!

Noch ist die Drei-Sekunden-Regel im Verhandlungsalltag unterentwickelt. Zum einen kennt die immerhin wissenschaftlich abgesicherte Drei-Sekunden-Erfolgsregel niemand außer einigen eingefleischten Fans der Methodik und Didaktik. Zum anderen halten viele Menschen eine Wartezeit von drei Sekunden schlichtweg nicht aus. Wartezeit erleiden viele als Tortur. Wartezeit heißt jedoch nicht Nichtstun! Nur ermöglicht die Wartezeit die vielerorts abhanden gekommene Wartekunst: erst denken, dann sprechen – wohlverstanden mit erfolgreicheren Besprechungen.

Erfolgstipp Nr. 58:
Überleg zweimal, bevor du einmal sprichst

Du arbeitest stetig daran, deine wirtschaftliche Lage zu verbessern. Bei jeder Entscheidung, die ansteht, wählst du die Alternative, die dir den höchsten Vorteil bringt. Nahezu alle Entscheidungen bergen jedoch Unsicherheiten in sich. Das gilt natürlich insbesondere in Handels- und Geldmärkten, denn hier werden gerade diese Unsicherheiten gehandelt. Die Frage, wer welches Risiko und die damit verbundene Chance übernimmt, ist letztlich genau die Frage, wer was wann verkauft bzw. kauft. Damit du zur bestmöglichen Entscheidung gelangst, siehst du dich angesichts der zwangsläufigen Unsicherheiten veranlasst, regelmäßig den genauen Vorteil abzuschätzen, dergestalt also Wahrscheinlichkeiten verschiedener Entscheidungsmöglichkeiten zu berücksichtigen und Erwartungswerte zu berechnen. Überleg also zweimal, bevor du einmal sprichst. Dieses Vorgehen verdeutlichen wir an einem Beispiel.

Angenommen, du kannst zwischen zwei Entscheidungsmöglichkeiten – einem Münzwurfspiel und einer Wette – auswählen. (1) Beim Münzwurfspiel erhältst du bei Kopf 500 DM und bei Zahl musst du 200 DM bezahlen. (2) Bei der Wette erhältst du 200 DM, wenn dein Fußballclub am nächsten Sonntag gewinnt, und du verlierst 100 DM, wenn es nur zum Unentschieden oder gar zur Niederlage kommt. Um dich rational zu entscheiden, schätzt du die Wahrscheinlichkeiten ab.

Beim Münzwurf ist die Sache klar, hier gewinnst du mit 50-prozentiger Wahrscheinlichkeit. Wie wahrscheinlich der Sieg deines Fußballvereins ist, ist dagegen nicht offensichtlich. Da du großes Vertrauen in deine Mannschaft hast und der Gegner in der Vergangenheit nicht gerade glänzte, kommst du nach einigen Überlegungen auf einen Wert von 80 % Wahrscheinlichkeit für den Sieg. Du rechnest nun die Erwartungswerte wie folgt:

Glückspiel mit Münzwurf:

50 % × 500 DM + 50 % × (– 200 DM) = 150 DM

Wette auf Sieg des Fußballclubs:

80 % × 200 DM + 20 % × (– 100 DM) = 140 DM

Demnach hat das Glücksspiel mit dem Münzwurf einen höheren Erwartungswert als die Wette auf den Sieg der Fußballmannschaft. Vorteilhaft steigst du auf das Glücksspiel ein. Unsicherheiten machen nicht sprachlos. Unsicherheiten sind kalkulierbar – deshalb sei deine Erfolgssprache berechnend:»Ich wähle das Glücksspiel.«

Erfolgstipp Nr. 59:
Verstumme. Und schaffe Aufmerksamkeit

Du verstummst. Urplötzlich. Unerwartet. Bewusst legst du eine Pause ein, brichst – gekonnt – mitten im Satz ab. Scheue dich nicht, an ausgewählten Stellen den Redefluss zu unterbrechen:

(1) »Die Tatsache ist auch Ihnen nicht verborgen geblieben, dass … *(verstummen)* …« – die Leute horchen auf.

(2) »Sie erwarten hierauf eine klare Antwort, nun … *(verstummen)* …« – die Leute horchen auf.

(3) »Ich bin sehr angetan davon, dass Sie mich in so beeindruckender Art und Weise … *(verstummen)* … hintergangen haben.« Einen Raunen geht durch die Reihen.

(4) »Wenn Sie morgens im Bett neben jemandem aufwachen, den Sie nicht kennen, dann ist das Karneval … *(verstummen)* … oder Alzheimer.« Schmunzelnde Gesichter sind nicht auszuschließen.

Verstummt deine Stimme, erleben die Zuhörer so etwas wie die Urangst vor dem Nichts (»horror vacui«). Dieser Schrecken vor dem Nichts scheucht die Zuhörer auf. Denn die Zuhörer scheuen die Leere. Du wirst erleben, welche Spannung du gleichsam mit »dem Nichts« erzeugst. Die Augen richten sich fragend auf dich: »Was kommt jetzt? Was kommt danach?« Schaue während der Gesprächsleere die Zuhörer an. Das steigert die Wirkung. Und unterstreicht deine Sicherheit.

Wer sich rar macht (und verstummt), weckt die Neugierde der Gesprächspartner und gewinnt an Anziehungskraft.

Erfolgstipp Nr. 60:
Präge – und die Menschen folgen dir

Der bedeutendste österreichische Verhaltensforscher heißt Konrad Lorenz (1903–1988): Graugansküken folgen, kaum sind sie ausgeschlüpft und haben die ersten Laufversuche gemacht, nicht zwangsläufig dem Muttertier, sondern ziemlich blindlings demjenigen Lebewesen, das sich gerade in seiner Nähe befindet. Diese erstaunliche Folgebereitschaft der Graugansküken entsteht um die 16. Lebensstunde herum.

Graugansküken werden früh geprägt

Diese frühe »Prägung« stellt einen schlagartigen Lernakt dar: Gänse, die auf einen Menschen geprägt und dann zu ihren Artgenossen zurückgebracht werden, weigern sich, bei ihrer Gänsemutter zu bleiben. Sie laufen zurück zu ihrer menschlichen »Mutter« oder schließen sich irgendeinem anderen Menschen an, der gerade vorbeikommt. Konrad Lorenz selbst hat für ganze Generationen von Graugansküken die »Mutter« gespielt.

Die Prägung unterscheidet sich vierfach von anderen Lernformen:

1. Prägung findet nur während einer kurzen kritischen Phase statt (bei Gänsen um die 16. Lebensstunde herum). Übertragen auf den Menschen: Erfolgreiche schenken ihre Aufmerksamkeit voll und ganz jenen Menschen, die sie eben erst kennen lernen.
2. Prägung ist unumkehrbar, kann also nicht rückgängig gemacht werden (»irreversibel«). Übertragen auf den Menschen: Wer Menschen früh prägt, erhält zeitlebens als Geschenk deren Folgebereitschaft.
3. Prägung bezieht sich nicht auf ein Individuum, sondern auf eine Gruppe ähnlicher Individuen (die Gänse waren nicht nur

auf Lorenz selbst geprägt, sondern auf Menschen im Allgemeinen). Übertragen auf den Menschen: Erfolgreiche ziehen Erfolgreiche geradezu an, Erfolglose treffen stets auf Erfolglose.

Ob die Prägung bei Säugetieren oder sogar beim Menschen nachzuweisen ist, bleibt selbstverständlich umstritten. Wie dem auch sei, Führen und Folgen ist beim Menschen keinesfalls so starr festgelegt wie bei den Gänsen. Und doch bleibt die Entdeckung überlegenswert: Lernst du Menschen eben erst kennen, markiere vor allem zu Beginn viel Nähe, so folgen dir diese Menschen enger und länger …

Schenke Erstgeborenen Nähe – und du gewinnst sie für dich

Als in der New Yorker Innenstadt am 9. November 1965 die Stromversorgung bis zum nächsten Morgen zusammenbrach, der U-Bahnverkehr ebenso wie die Nachrichtenübermittlung lahm gelegt wurde, Leute in Fahrstühlen stecken blieben und viel weiteres Unheil angericht wurde, machten sich Wissenschafter mit Fragenbogen auf den Weg, um Furcht und Gesellung unter diesen ungewöhnlichen Bedingungen zu untersuchen. Ergebnis: Erstgeborene erweisen sich als ängstlicher als später Geborene der Geschwisterreihe. Und: Erstgeborene erweisen sich vor allem dann als ängstlicher, wenn sie allein sind. Warum?

Mütter sind ihren Erstgeborenen gegenüber wahrscheinlich aufmerksamer, hilfsbereiter und unternehmen mehr, um Ängste und Nöte von ihnen fern zu halten, als bei Spätergeborenen. Dadurch lernen erstgeborene Kinder, dass die Anwesenheit anderer (insbesondere der Mutter) eine Furcht verringernde und beruhigende Wirkung hat. Einmal festgefügte Abhängigkeitsgewohnheiten leisten der Ausbildung einer geringen Selbstachtung starken Vorschub. Deshalb achte Erstgeborene, schenke ihnen schon beim Kennenlernen deine Nähe, meinetwegen »bemuttere« sie stärker als später Geborene – und du gewinnst sie für dich. Nun entdeckst du auch, weshalb die scheinbar belanglose Frage »Haben Sie Geschwister?« durchaus Erfolg versprechende Anhaltspunkte zutage fördern kann.

Übrigens eignen sich Erstgeborene kaum zum Helden. Bei den US-Kampffliegern im Koreakrieg gab es unter den wagemutigen »Assen«, denen fünf oder mehr Abschüsse gelangen, kaum Erstgeborene.

Erfolgstipp Nr. 61:
Deine Anwesenheit allein wirkt – und wie!

Dynamo bedeutet ursprünglich Kraft (griechisch). Der Sportmediziner Normann D. Triplett von der Indiana University leitete aus zahlreichen Wettkämpfen bereits 1897 den »Dynamo«-Effekt ab: »Allein schon die körperliche Anwesenheit eines anderen Fahrers stellt für den Rennfahrer instinktiv einen Reiz zur Auslösung des Wettbewerbs dar. Der andere Fahrer stellt ein Mittel zur Freisetzung nervöser Energie dar. Und das Beobachten der Bewegung beim anderen führt zu einer größeren Anstrengung, weil sie eine höhere Geschwindigkeit beim anderen Fahrer vermuten lässt.«

Wortlos anwesend – und du setzt Energien frei

Im Labor hat der Sportmediziner Triplett den »Dynamo«-Effekt überprüft. Nach einem ausgeklügelten Versuchsplan müssen Kinder einzeln oder zu zweit Angelschnüre aufrollen. Das Ergebnis:

25 % der Kinder werden durch die Anwesenheit eines anderen Kindes nur geringfügig beeinflusst. Das sind die *Eifrigen*.
50 % der Kinder rollen die Angelschnüre in Anwesenheit eines anderen Mitbewerbers erheblich schneller auf. Das sind die *Übereifrigen*.
Und besonders bedeutsam:
25 % der Kinder werden überstimuliert, verhedderten sich, kommen von der Rolle, geben entnervt auf. Das sind die *allzu Eifrigen*.

Letzteres soll übrigens nicht nur bei Kindern, sondern auch bei Erwachsenen – gewiss auch bei Hobbysportlern – vorkommen ... Dr. Triplett schloss aus den Ergebnissen, dass einzig und allein die körperliche Anwesenheit genügt, um bei Wettbewerbern schlummernde Energien freizusetzen.

146

Merke: Auch im Berufsleben genügt einzig und allein deine Anwesenheit, um erfolgreich auf Menschen einzuwirken.

Bei den 25 % Eifrigen vergeudest du mit deiner Anwesenheit die
Zeit. Die Eifrigen verändern die Leistung höchstens geringfügig.
Diese Zeit kannst du gewinnbringender einsetzen.
Bei den 50 % Übereifrigen lohnt sich als Vorgesetzter die Anwesenheit bei den Mitarbeitern. Die Mitarbeiter legen sich stärker
ins Zeug. Diese Anwesenheit bringt dir einen Nutzen.
Deine Anwesenheit bringt die 25 % allzu Eifrigen von der Rolle.
Das kann durchaus Sinn machen: Besuche schon mal auf Messen
oder Empfängen die Mitarbeiter der schärfsten Konkurrenzfirmen. Besuche schon mal jenen Mitbewerber im eigenen Unternehmen, der um dieselbe Position wie du buhlt, usw.

Komme ins Stocken – und gewinne Wissen

Setze an zu Lückensätzen: Lass ein Wort oder einen Satzteil bewusst weg – verbunden mit der Absicht, dass der Gesprächspartner die Lücke selbst schließt.

Du sprichst mit dem Vorgesetzten oder Angestellten, mit Kunden oder Lieferanten, mit Mitbewerbern oder Partnern. Du sprichst mit vielen, vielen Leuten über Geschäfte, Gott und die Welt. So zwischendurch und scheinbar völlig belanglos – günstige Gelegenheiten gibt's zuhauf – bringst du gezielt Lückensätze ein.

»Die Firma XY ist …, na ja, Sie wissen schon, die Firma XY, wie soll ich sagen, ist …«

»Das Produkt Z ist …, na ja, Sie wissen schon, das Produkt Z, wie soll ich sagen, ist …«

»Die Aktie C ist …, na ja, Sie wissen schon, die Aktie C, wie soll ich sagen, ist …«

»Mitarbeiterin A ist …, na ja, Sie wissen schon, Mitarbeiterin A, wie soll ich sagen, ist …«

In all diesen Lückensätzen erweisen sich ausgerechnet die scheinbar harmlosen Pünktchen als nutzenbringender Trick. Aus Lücken kannst du sehr viel herausholen. Zapfe diese Quelle unbedingt an, um an Informationen heranzukommen.

Gezielt bringst du deinen Redefluss ins Stocken. Du brichst den Redefluss ab. Die Lücke öffnet sich. Möglicherweise runzelst du – vermeintlich nach Lücken füllenden Begriffen suchend – deine Stirne etwas. Und schon füllt dein Gesprächspartner – solche liebe Mitmenschen gibt's bei stockendem Redefluss mehr als genug –

die Lücke. Darin steckt Sprengstoff: Denn wer Lücken füllt, gibt Wissen preis, bewertet Menschen und Sachverhalte. Dadurch weißt du mehr als zuvor. Mit Lücken kannst du selbst eisernen Schweigern viel, ja sehr viel entlocken. Also zapfe diese Quelle unbedingt an, um auch an »heiße« Informationen heranzukommen.

Erfolgstipp Nr. 63:
Nenne das Kind beim Namen

Schullehrer haben bis aufs i-Pünktchen dieselben Aufsätze von Viert- und Fünftklässlern vorgelegt bekommen, verbunden mit der Bitte, diese zu beurteilen. Von den Kindern wussten die Lehrkräfte nicht mehr als deren Vornamen.

Die Arbeiten von »Sarah«, »Julia«, »David« und »Michael« rangierten im Durchschnitt um *eine ganze Note höher* als die von »Hedwig«, »Gertrud«, »Edeltraud« oder »Hubert«. Die eher ungewöhnlichen Vornamen Hedwig, Gertrud, Edeltraud und Hubert haben einen überholten Beiklang. Im Namen liegt eine bedeutungsvolle Wirkkraft – nicht nur in der Schule, auch in der Wirtschaft: Schaue dir getrost mal Berufsbezeichnungen auf Visitenkarten an!

Schaffe Beinamen des Erfolgs

Wer Beinamen einführt oder verwendet, begibt sich auf eine Gratwanderung zwischen Beleidigung und Würdigung. Herbert Wehner nannte Kurt Georg Kiesinger einen *»Heldentenor«* und Rainer Barzel einen *»Brunnenvergifter«*. Franz Beckenbauer erweisen die Sportlerscharen mit *»Kaiser Franz«* die Ehre. Kinofans huldigen entrückten Stars: Greta Garbo gilt als die *»Göttliche«*. *»Der Herr des Rings«* heißt eigentlich Walter Kafitz, beruflich immerhin Chef der Nürburgring GmbH. Bernie Ecclestones Name wird in der Formel 1 nie ohne Zusatz genannt: *»Zampano«, »Pate«* oder *»Diktator«*. Am Schweizer Eishockeystürmer Michel Riesen haben die Schlagzeilen-Erfinder in Kanada – Traumland aller europäischen Hockey-Profis – offensichtlich ihren Spaß. Zu Beginn des Trainingscamps der Edmonton Oilers höhnten sie »Swiss *Miss«*, was doppeldeutig als Fräulein oder Fehlschlag zu verstehen war. Michel Riesen antwortete mit hervorragenden Leistungen auf dem Eis, schoss gar einen Hattrick. Schon gingen die Zeitungen zu Formulierungen über wie »Three *Riesens* to Smile«, was sich phonetisch als »Drei Gründe (»reasons«) zum Lächeln« liest.

Der Name des Menschen ist nicht etwa wie ein Mantel, der – so Johann Wolfgang von Goethe – bloß um ihn her hängt und an dem man allenfalls noch zupfen und zerren kann, sondern ein vollkommen passendes Kleid, ja wie die Haut selbst ihm über und über angewachsen, an der man nicht schaben und schinden darf, ohne ihn selbst zu verletzen.

Entscheidend ist das »Wer«

Gesetzt den Fall, du findest einen Brief – adressiert, frankiert, jedoch nicht abgestempelt. Jemand muss vergessen haben, den Brief einzuwerfen. Als Absender tritt ein gewisser »M. Thuringer« auf. Diese Person ist dir fremd. Wie groß ist deine Bereitschaft, den gefundenen Brief abzuschicken?

Im Experiment waren M. Thuringers Briefe an vier unterschiedliche Adressaten gerichtet:

M. Thuringer	Medizinische Forschungsgesellschaft
	Postfach 7147
	304 Columbus Allee
	New Haven 11. Connectitut
	Zu Händen Mr. W. Carnap

M. Thuringer	Freunde der Kommunistischen Partei
	Postfach 7147
	304 Columbus Allee
	New Haven 11. Connectitut
	Zu Händen Mr. W. Carnap

M. Thuringer	Freunde der Nazi-Partei
	Postfach 7147
	304 Columbus Allee
	New Haven 11. Connectitut
	Zu Händen Mr. W. Carnap

M. Thuringer   Mr. W. Carnap – persönlich
                Postfach 7147
                304 Columbus Allee
                New Haven 11. Connectitut

Der Briefinhalt im Kuvert war stets derselbe:

Lieber Walter Carnap,

4. März 1963
Entschuldigen Sie, dass ich erst jetzt auf Ihren wichtigen Brief
vom 9. Januar 1963 antworte. Aber ich war längere Zeit krank. –
Ich bin mit Ihrem Terminvorschlag einverstanden und werde an
der nächsten Besprechung, wie von Ihnen angegeben, teilnehmen.
An dieser Besprechung wird sicherlich alles für unsere Sache
Wichtige diskutiert und beschlossen werden. Das Ganze muss
natürlich noch sehr gut durchorganisiert werden! Selbstverständ-
lich bringe ich das Informationsmaterial für die Besprechung mit.
Viele Grüße
Ihr
Max Thuringer

Im Brief wird lediglich mitgeteilt, dass Max Thuringer an einem
vorgesehenen Treffen teilnimmt. Mit Absicht ist der Briefinhalt so
»nichts sagend«, dass er vom jeweiligen Finder nur in Bezug auf
das »Wer-bekommt-den-Brief« beurteilt werden kann. Das Wer –
der Adressat, die angeschriebene Institution – gibt einzig den Aus-
schlag.

Die Bereitschaft zu bestimmten Handlungen gegenüber anderen
Menschen und anderen Organisationen wird dadurch bestimmt,
ob eine Übereinstimmung bezüglich der vertretenen Einstellun-
gen zwischen sich und den anderen vermutet wird oder nicht.
Während nur jeweils 25 % der an die »Kommunistische Partei«
und an die »Nazi-Partei« gerichteten Briefe eintreffen, sind es bei
der »Medizinischen Forschungsgesellschaft« 72 % und beim Ein-
zeladressaten »Mr. W. Carnap persönlich« ebenfalls 72 % der ver-
lorenen Briefe. Entscheidend ist also das Wer.

152

Erfolgreich kraft deiner Autorität

Dienst habende Krankenschwestern verschiedener Krankenhäuser erhielten den Telefonanruf eines Arztes, dem sie nie persönlich begegnet waren. Der Arzt nannte seinen Namen und gab vor, er sei am selben Tage vor einigen Stunden im Krankenhaus gewesen, um einen Patienten zu untersuchen. Er käme später zurück, wolle aber, dass der Patient in der Zwischenzeit ein bestimmtes Medikament bekäme. Der Arzt bat die Krankenschwester, im Medizinschrank nachzusehen, ob dieser das Medikament »Astroten« enthielte. Die Schwester sah nach und fand eine Packung mit der Aufschrift: Astroten, 5-mg-Kapseln, Durchschnittsdosis 5 mg, Höchstmenge täglich 10 mg.

Als die Schwester zum Telefon zurückkehrte, ordnete der Arzt an, sie solle dem Patienten 20 mg geben. Er käme in 10 Minuten, um die Anweisung zu unterschreiben, das Medikament aber solle sofort verabreicht werden. *95 % der Schwestern begannen das Medikament zu verabreichen.*

Dabei widersprach die Aufforderung des Arztes verschiedenen Krankenhausregeln. Nicht nur, dass die verschriebene Menge das Doppelte der täglichen Höchstmenge war – es ist auch nicht erlaubt, medizinische Anordnungen per Telefon zu geben. Astroten stand außerdem nicht auf der Medikamentenliste des Spitals und wurde von jemandem verschrieben, den die Schwester nicht kannte.

Erfolg kraft Autorität: Ein nicht unwesentlicher Teil der Menschen folgt blindlings allem, was du ihnen aufträgst, ohne nach den Folgen zu fragen, solange für sie nur feststeht, dass der Befehl von einer legitimen Autorität stammt. Nicht was, sondern wer etwas sagt, ist für die Folgebereitschaft entscheidend. Nicht nur Götter in Weiß gelten als Autoritäten. In jeder Spezialdisziplin, in jeder

Branche gibt's Autoritäten. Schau zu, dass du zu ihnen gehörst – und dein Leben wird einfacher, erfolgreicher, einfach erfolgreicher.

Der weiße Kittel macht gehorsam

Im eindrücklichen Milgram-Experiment spielt ein eingeweihter Versuchsgehilfe ein »Opfer«, dem für Fehler in Lernaufgaben ständig stärkere Elektroschocks verabreicht werden. Das Opfer – ein Schauspieler – bekommt tatsächlich keine Elektroschocks. Der Versuchsleiter hingegen – eine Autorität in einem weißen Kittel – befiehlt der Versuchsperson die Verabreichung von Elektroschocks – von Fehler zu Fehler etwas stärker. Das bestrafte Opfer stöhnt überzeugend, klagt über Herzbeschwerden und schreit schließlich in Todesangst auf.

Nun könnten wir annehmen, dass nur wenige Menschen dazu bereit sind, einem anderen einen schmerzhaften Elektroschock zu versetzen, nur weil ein Herr im weißen Kittel ihm die Aufforderung dazu gibt. Doch 62 % der Versuchspersonen – männliche Erwachsene übrigens – beugen sich dem Befehl, obwohl sie laute Schmerzensschreie des Opfers aus dem Nachbarraum vernehmen. Fast ohne Ausnahme lassen sich unbescholtene und verantwortungsbewusste Menschen von den Lockungen und Drohungen der Autorität im weißen Kittel einschüchtern, ja lassen sich ohne Widerrede auf eine Handlung ein, deren Härte und Verantwortungslosigkeit sie eigentlich erkennen müssten.

Stromstoß

Milgrams Experiment eröffnet den Weg, jene Bedingungen herauszufinden, die den Gehorsam steuern: Ist das Opfer den Versuchspersonen »psychologisch« nahe, gehorchen die Versuchspersonen weitaus weniger. Befindet sich das Opfer nicht im Nebenraum, sondern im selben Raum nur etwa einen halben Meter von der Versuchsperson entfernt, leisten noch 40 % der Versuchspersonen dem

Versuchsleiter Gehorsam. Müssen die Versuchspersonen gar die Hand des Opfers auf eine Platte drücken, um ihr den Stromstoß zu versetzen, gehorchen »nur« noch 30 % dem Versuchsleiter.

Sobald die Versuchspersonen beobachten können, wie andere den Opfern Stromstöße verabreichten sollten, sich jedoch den Aufforderungen widersetzen und mittendrin das Experiment abbrechen, gehorchen gerade noch 10 % der Versuchspersonen dem Versuchsleiter. Das soziale Modellverhalten räumt dem Individuum die Möglichkeit ein, sich den Forderungen der Obrigkeit zu widersetzen.

So werten andere deine Person auf – oder ab

Allen Menschen – vom Putztrupp über Professoren bis hin zum Papst – unterlaufen ständig Beurteilungsfehler aufgrund von Wahrnehmungsverzerrungen, die entweder aus einer Über- oder Unterbetonung einzelner Merkmale oder einzelner Verhaltensweisen hervorgehen.

»Pars pro toto« heißt: »Der Teil steht für das Ganze«. Menschen nehmen dich wahr. Genauer: Menschen nehmen *einen Teil* von dir wahr und setzen diesen Teil – meist unbewusst – *für dich als ganze Person.* Dieser Vorgang führt zu Wahrnehmungsverzerrungen.

Der häufigste Beurteilungsfehler entspringt dem so genannten »Halo«-Effekt. Dieser besteht in einer »Überstrahlung« (griechisch »halo«). Der »Halo«-Effekt führt entweder zu einer Aufwertung (»Heiligenschein«-Effekt) oder zu einer Abwertung (»Teufelshörner«-Effekt).

Schaubild 18: Heiligenschein oder Teufelshörner?

Der »Halo«-Effekt	
Der »Heiligenschein«-Effekt überstrahlt positiv.	Der »Teufelshörner-Effekt« überstrahlt negativ.

1. Menschen mit einem Heiligenschein

Der »Heiligenschein«-Effekt führt zur Aufwertung einer Person: Wir beurteilen *ein ganz bestimmtes* Merkmal oder eine ganz bestimmte Verhaltensweise positiv. Die Überstrahlung bewirkt, dass *auch alle anderen* Merkmale oder alle anderen Verhaltensweisen eines Menschen *positiv* beurteilt werden. Kurzum: Eine erfolgreiche Tat macht aus dir eine erfolgreiche Person – bei allen Menschen, die diese erfolgreiche Tat wahrgenommen haben! Das geht auch anderen Menschen so:

Wie eine Nachrichtenfrau zu einer Klassefrau wird

Empfinde ich eine Nachrichtenfrau, die ich erstmals im Fernsehen sehe, als sympathisch (ein ganz bestimmtes Merkmal), beginnt der »Heiligenschein«-Effekt die Nachrichtensprecherin positiv zu überstrahlen. Ich finde sie nicht nur sympathisch, sondern auch aktiv, engagiert, intelligent, kompetent, kollegial …

Doch Hand aufs Herz: Was kann die Nachrichtensprecherin am Fernsehen wirklich? Ich kann wahrnehmen, dass sie einigermaßen fehlerfrei Texte sprechen kann. Im Grunde nicht mehr und nicht weniger. Die oft unbewusste Wahrnehmungsverzerrung verleiht der Nachrichtenfrau einen Heiligenschein mit lauter positiven Merkmalen. Dabei kann sich die arme Nachrichtensprecherin gegen die Aufwertung durch den »Heiligenschein«-Effekt nicht einmal zur Wehr setzen.

Wie schnelle Flitzer noch schneller werden

Betrachten Männer eine Werbung für ein Auto, worauf eine verführerische Frau (ein ganz bestimmtes Merkmal) abgebildet ist, stufen sie das Auto als schneller, ansprechender, teurer und besser aussehend ein als Männer, die dieselbe Werbung ohne das Model gesehen haben. Übrigens: Wie sich bei einer anschließenden Befragung herausstellte, wollten die Männer nicht glauben, dass die Abbildung der jungen Frau sie in ihrem Urteil über das Auto beeinflusst und eine Fehlwahrnehmung im Sinne des »Heiligenschein«-Effektes hervorgerufen hat …

Warum Brillenträger sich des Erfolges nicht erwehren können

Häufig wird von uns abverlangt, aufgrund beschränkter Informationen (der Teil) spontane Urteile über Menschen (das Ganze) abzugeben. Der beschränkten Information liegen oft vereinzelte und auch bruchstückhafte Beobachtungen über das Ausdrucks-, Bewegungs- und Sprachverhalten, über die äußere Erscheinung sowie die soziale Herkunft zugrunde. Und schon spielt – egal ob wir nun wollen oder nicht – der »Halo«-Effekt.

Einige wenige Schmankerln aus der Abteilung »Wie wir Menschen Heiligenscheine verleihen« möchte ich dir nicht vorenthalten:

Gesichter mit *Falten in den Augenwinkeln* (der Teil) nehmen wir als humorvolle und freundliche Menschen (das Ganze) wahr.

Brillenträger (der Teil) werden als gelehrige, gescheite und fleißige Menschen (das Ganze) wahrgenommen. (»Sie haben ihre Augen durch zu viel Studieren überanstrengt«.) Und schon können sich Brillenträger des Erfolges kaum erwehren. Linsen sind sicher zweckmäßig, doch trage stets eine Brille ... So gesehen beneide ich alle Brillenträger, meine Sehschärfe verlangt bisher nach keiner Brille.

Menschen mit *hoher Stirn* (der Teil) werden als intelligentere und zuverlässigere Menschen (das Ganze) betrachtet. (»Sie haben mehr Platz für Hirn.«) Wetten, dass du demnächst im Spiegel deine Stirnhöhe prüfst?

Frauen mit überdurchschnittlich *vollen Lippen* (der Teil) werden als sexy (das Ganze) angesehen, Frauen mit *schmalen Lippen* (der Teil) als spröde (das Ganze). Brigitte Bardot lässt grüßen.

Warum schönen Menschen alles ein bisschen leichter fällt

Was können schöne Menschen für ihre angeborene Schönheit? Nichts, wirklich nichts. Dabei fällt schönen Menschen im Leben (fast) alles ein bisschen leichter. Ja, du weißt schon, der Teil (Schönheit) strahlt auf den Charakter des Menschen (das Ganze) aus. Demzufolge erfahren schöne Menschen in der Wahrnehmung durch andere Menschen eine Aufwertung unter dem Motto: Schön, gut und edel sei der Mensch. Und erneut spielt der »Heiligenschein«-Effekt:

Gut aussehende Frauen und Männer bekommen häufiger als andere bessere *Jobs* mit besserer *Bezahlung*.

Kriminologen haben festgestellt, dass gut aussehende *Kriminelle* weniger häufig festgenommen werden – und wenn die gut aussehenden Kriminellen doch vor Gericht kommen, dann fallen die Urteile im Schnitt milder aus.

Sowohl Lehrer als auch Schüler halten gut aussehende *Kinder* für klüger, netter und erfolgreicher.

Schon sechsmonatige Kinder bevorzugen in ihrem Blickverhalten attraktivere gegenüber unattraktiven *Gesichtern*, und zwar unabhängig von der Rasse und dem Geschlecht der dargebotenen Person. Zwölfmonatige Kinder spielen fröhlicher und länger mit einer Puppe, der ein attraktives Gesicht aufgemalt war, als mit einer weniger hübschen Puppe.

In Paarbeziehungen ist der attraktivere *Partner* jeweils auch der mächtigere, wenn es darum geht, Entscheidungen zu treffen.

Außen fix und innen nix?

So einfach haben es gut aussehende Menschen nun auch wieder nicht. Gut aussehende Menschen finden sich oft gar nicht so »toll«, wie andere sie einschätzen. Gut aussehende Menschen sind sich der Tatsache bewusst, dass der gute Eindruck, den andere von ihnen haben, nicht auf inneren Werten wie Fähigkeiten und Fertigkeiten beruht, sondern oft bloß auf der äußeren Erscheinung. Und diese Kluft beeinträchtigt bei attraktiven Menschen oft die Entwicklung eines sicheren Selbstwertgefühls! Deshalb sei dir gesagt: Schöne Menschen lechzen nach Lob – nicht so sehr des äußeren Erscheinungsbildes wegen, sondern der Leistung wegen. Lobe Leistungen schöner Menschen angemessen – und sie fressen dir aus der Hand.

2. Menschen mit Teufelshörnern

Der »Teufelshörner«-Effekt führt zu einer Abwertung der Person. Wir beurteilen ein *ganz bestimmtes Merkmal* oder eine ganz bestimmte Verhaltensweise negativ. Die Überstrahlung bewirkt, dass *auch alle anderen Merkmale* oder alle anderen Verhaltensweisen eines Menschen *negativ* beurteilt werden. Kurzum: Zeigst du eine einzige nachteilige Eigenschaft – wird also ein Misserfolg offenbar, werden dir noch und noch nachteilhafte Merkmale zugeschrieben.

Boxer zum Beispiel schlagen hart zu (ein ganz bestimmtes Merkmal). Diese Gewalt im Ring zeigt sich auch im Geschäftsgebaren. Boxer lösen alle Lebensfragen mit der Faust (das Ganze). Boxer sprechen gar mit den Fäusten. Boxer sind feindselig, dumm, blutrünstig, streitsüchtig …

Erfolgstipp Nr. 66:
Damit du bekommst, was du verdienst

Applaus hat eine Geschichte: Im Jahre 1820 gründeten zwei tüchtige Geschäftsleute namens Sauton und Porcher, beide Stammgäste des Pariser Opernhauses, ein Unternehmen mit dem Namen »L'Assurance des Succès Dramatiques«. Sauton und Porcher vermieteten ihre Angestellten und sich selbst an Sänger und Operndirektoren, die sichergehen wollten, dass das Publikum positiv reagierte. Abends klatschen die Claqueure auf Bestellung unter der Anleitung des »chef de claque« erfolgreich mit gekünstelter Begeisterung, sodass sich das Publikum Vorstellung für Vorstellung zu echtem Applaus animieren ließ. Tagsüber wurde abkassiert, und das in aller Offenheit ... denn der Preis blieb, wie eine Zeitungsanzeige aus der in London zu Beginn des 20. Jahrhunderts erscheinenden »Musical Times« beweist, der Öffentlichkeit keinesfalls verborgen!

Schaubild 19: Was kostet Applaus?

Applaus bei Betreten der Bühne (bei einem Herrn)	25 Lire
Applaus bei Betreten der Bühne (bei einer Dame)	15 Lire
Normaler Applaus während der Aufführung, je	10 Lire
Anhaltender Applaus während der Aufführung, je	15 Lire
Noch längerer Applaus	17 Lire
»Bravo!«- und »Bene!«-Zwischenrufe	5 Lire
»Da capo«-Rufe (um jeden Preis)	50 Lire
Stürmische Begeisterung	Preis auf Anfrage

Erstaunlich ist die Offenheit, mit der dies alles geschah. Es wurde nicht für nötig erachtet, die Claqueure zu tarnen oder sie auszutauschen, nein, oft saßen sie Vorstellung für Vorstellung, Jahr für Jahr, unter der Anleitung desselben »chef de claque« auf denselben Plätzen.

161

Zeitgemäße Formen sind die inszenierten Klatsch- und Lachein-spielungen im Fernsehen. Selbst Meister der Schlagfertigkeit wie Winston Churchill inszenierten Fragen und Bemerkungen von Abgeordneten im Unterhaus; aufgrund dieser Absprachen konn-te der Meister souverän kontern – und kam groß heraus. Wenn der Meister etwas nachhelfen ließ, darfst du gewiss auch mal einen Kollegendienst erwarten: eine Frage zur richtigen Zeit, ein Bravo vor dem richtigen Gremium, ein Auftakt zum Applaus an der rich-tigen Stelle. Selbstredend versteht sich, dass Kollegendienste quit-tiert werden.

Willkommen im Club
*der Spracherfolg*reichen©

Dein Spracherfolg:
garantiert messbar

Natürlich kann der Erfolg eines Buches über Auflagenzahlen gemessen werden. Für den Erfolg dieses Buches lege ich eine andere – höhere – Messlatte an. Und zwar messbar.

Den Erfolg des Buches messe ich an den Reaktionen, die du als spracherfolg*reiche* Persönlichkeit bei spracherfolglosen Neidern auslösen wirst. Sobald dein Erfolg den Neid anderer auslöst, sobald du den Neid der Erfolglosen zu spüren bekommst, wirst du im Club der Spracherfolgreichen willkommen geheißen. Der Erfolg des Buches ist leicht messbar, denn erfolglose Neider erkennst du leicht an deren Sprache. Du als Spracherfolgreicher® erkennst die Neidgenossen an deren Worten:

1. Erfolglose Neider weisen auf die Schattenseiten des fremden Besitzes hin. Du als Spracherfolgreicher® erkennst die Erfolglosen an Äußerungen wie»Dein Haus macht dir doch viel Arbeit« –»Dein Swimmingpool ist doch so aufwendig« –»Deine Zweitwohnung in den Bergen verschafft dir doch nichts als Umstände«.
2. Erfolglose Neider werten dich und dein Schaffen ab. Du als Spracherfolgreicher® erkennst die Erfolglosen an Äußerungen wie:»Dein Porsche ist doch das letzte Zuhälterauto.« Oder unter Wissenschaftlern:»Ein Nobelpeis bekommt doch mittlerweile schon der letzte Idiot.« Neider stören heimlich und zerstören mutwillig. Neider kratzen am Lack des Porsches, brechen die Autoantenne ab. Neider sabotieren erfolgreiche Menschen.
3. Erfolglose Neider lieben das Nullsummenspiel der Personen. Du als Spracherfolgreicher® erkennst die Erfolglosen an Äußerungen wie:»Du bist zwar fachlich besser, dafür aber ein Charakterschwein.« Oder:»Du siehst zwar toll aus, bist aber strohdumm.«
4. Erfolglose Neider flüchten in eine Vorstellungswelt. Du als Spracherfolgreicher® erkennst die Erfolglosen an Äußerungen wie»Wenn ich nur wollte, könnte ich das auch erreichen, aber ich will ja nicht« –»Gott hat eben nicht gewollt, dass ich das bekomme, ich muss mit dem zufrieden sein, was ich habe«.
5. Erfolglose Neider verneinen Besitzstreben. Du als Spracherfolgreicher® erkennst die Erfolglosen an Äußerungen wie:»Wirklich glücklich sind nur die Besitzlosen.«

6. Erfolglose Neider ergötzen sich an der gemeinen Schadenfreude. Du als Spracherfolgreicher® erkennst die Erfolglosen an Äußerungen wie:»So, das hast du jetzt von deiner Besserwisserei!«
7. Erfolglose Neider wählen den letzten Ausweg. Du als Spracherfolgreicher® erkennst die Erfolglosen an Äußerungen wie:»Ich gehe dir konsequent aus dem Weg.«

Erfolgssprache muss nicht auf Teufel komm raus witzig, spritzig, jung, cool, hip, geil, krass, vollfett und trendy sein. Wer erfolgreichen Menschen aufs Maul schaut, entdeckt überdies sehr schnell: Erfolgreiche sind nicht maulfaul. Erfolgreiche sind auch nicht auf den Mund gefallen. Erfolgreiche haben ein gutes Mundwerk: Nicht viel, nur gekonnt, heißt die Losung der Sprachmächtigen.

Erfolgreiche bedienen sich dosiert der 66 Erfolgstipps. Denn schon Konfuzius erkannte:»Bei wem der Gehalt die Form überwiegt, der ist ungeschlacht, bei wem die Form den Gehalt überwiegt, der ist ein Schreiber. Bei wem Form und Gehalt im Gleichgewicht sind, der erst ist ein Edler.« Allzu viele rhetorische Erfolgstricks auf einmal wirken läppisch. Deshalb ersuche ich dich: Widerstehe der verlockenden Versuchung, in deinen Verhandlungen, Reden und Schriftstücken alle Figuren jederzeit und überall einzusetzen. Auf die Dosis kommt's an. Wohlan! So packe also nicht pro Zeile mindestens einen Stabreim, zwei Wortspiele und drei Reizworte rein. Wer solche Sprache vorgesetzt bekommt, muss sich doof vorkommen. Inhalt und Form halten in der erfolgreichen Rede, Schreibe und Verhandlung ein Gleichgewicht.

Spracherfolgreiches Verhandeln, Sprechen und Schreiben bedarf angestrengter Arbeit, eines unbändigen Eifers, verschiedener Übung, vielfacher Erfahrung, sehr hoher Klugheit und eines geistesgegenwärtigen Urteils. Deshalb sei dir das Sachbuch ein ständiger Begleiter und unbändiger Berater: Spiele mit den Erfolgstipps – morgens unter der Dusche oder abends in der Badewanne, in der Hängematte oder in der Steilwand, im Zug oder im Flugzeug. So wirst du spracherfolgreich©. Garantiert messbar.

Anhang

Literatur

Allport, G. W.: The Nature of Prejudice. Reading, MA. 1954.

Aristoteles: Rhetorik. München 1980.

Asch, S. E.: Social Psychology. Englewood Cliffs, NJ. 1952.

Asch, S. E.: Opinions and Social Pressures. In: Scientific American, 1955, 193, 31–35.

Bredemeier, K.: Provokative Rhetorik. Zürich 1996.

Cialdini, R. B.: Die Psychologie des Überzeugens. Göttingen 1997.

Dunand, M.: Dites-le avec des messages. Paris 1993.

Ebbinghaus, H.: Über das Gedächtnis. Leipzig 1885.

Ebeling, P.: Rhetorikhandbuch. Stuttgart 1994.

Frey, K.: Allgemeine Didaktik. Zürich 1992.

Gast, W: Juristische Rhetorik. Heidelberg 1992.

Garavelli, B.: Le figure retoriche. Milano 1994.

Goldberg, J./Nitzsch, R.: Behavioral Finance. München 1999.

Lay, R.: Führen durch das Wort. Berlin 1996.

Oldermann, R.: Business Communication. New York, NY. 1997.

Packard, V.: The Hidden Persuaders. New York, NY. 1957.

Ruhleder, R.: Rhetorik, Kinesik, Dialektik. Bonn 1991.

Queneau, R.: Exercices de style. Paris 1947.

Sachse, K./Schaertl, M: Die neuen Erfolg-Reichen. Focus 19/2000.

Schaller, B.: Die Macht der Psyche. München 1999.

Schaller, B: Die Macht der Sprache. München 1999 (2. Auflage).

Schneider, W.: Wörter machen Leute. Hamburg 1979.

Sherif, M./Hovland, C. I.: Social Judgement – assimilation and contrast effects in communication and attitude change. New Haven, NJ. 1961.

Smith, C.: The White House speaks. Westport 1994.

Steinbuch, K.: Maßlos informiert. Wien 1978.

Thorndike, E. L.: Animal intelligence. Psychological Monographs, 1898, 2, No. 8.

Ueding, G.: Grundriss der Rhetorik. Weimar 1994.

Unger, U.: Rhetorik des klassischen Chinesisch. Wiesbaden 1994.

Watzlawick, P./Beavin, J./Jackson, D.: Menschliche Kommunikation. Bern 1990.

Weiner, B./Kukla, A.: An attributional analysis of achievement motivation. Journal of Personality and Social Psychology, 1970, 15, 1–20.

Zhang, Z.: Chinesische und europäische Rhetorik. Frankfurt 1991.

Sachregister

172

Namenregister
(Personen, Firmen, Marken)

174